Luca Sofri

Un grande paese
L'Italia tra vent'anni e chi la cambierà

Proprietà letteraria riservata
© 2011 RCS Libri S.p.A., Milano

ISBN 978-88-17-03561-3

Prima edizione BUR 24/7 aprile 2011

Introduzione

Noi siamo i buoni, vediamo di dimostrarlo.
Thomas Friedman, diciamo

Ci sono le cose giuste e le cose sbagliate.
E bisogna fare quelle giuste.
Mio padre

Comportatevi bene.
Mia madre

Anni fa mi affezionai a una frase di Thomas Friedman e presi a usarla spesso, soprattutto sul mio blog: «Noi siamo i buoni, vediamo di dimostrarlo». Mi sembrava – mi sembra tuttora – ci fosse dentro tutto quello che bisogna sapere per affrontare la vita e il mondo. Mi ci abituai talmente da dimenticarmi che Friedman non l'aveva mai detta proprio così: la sintesi me l'ero permessa io citando un suo articolo del 2001, scritto tre mesi dopo l'attentato al World Trade Center.

Thomas Friedman è uno stimatissimo editorialista del «New York Times», di lungo corso e grandi esperienze, una specie di superstar dell'analisi politica internazionale, liberal ma soprattutto di grande equilibrio e nessuna faziosità. Adesso è un po' meno in auge, da quando prevalgono i suoi colleghi più bellicosi, e poi invecchia anche lui. Quel suo pezzo si intitolava *Ask not what...*, come l'attacco di una celebre frase di John Fitzgerald Kennedy che conosciamo tutti: «Non chiedete cosa il vostro paese possa fare per voi, ma piuttosto cosa potete fare voi per il vostro paese». Kennedy lo aveva detto concludendo il suo discorso di insediamento, in una fredda e luminosa giornata di gennaio. Era il 1961.

«Non chiedete cosa il vostro paese possa fare per voi, ma piuttosto cosa potete fare voi per il vostro paese.»

Nel 2001 Thomas Friedman aveva quindi scelto di citare quella frase nel titolo del suo editoriale, per suggerire agli americani la necessità di ritrovare quello stesso impegno e quel senso di responsabilità; per suggerire che i destini propri e del mondo stanno nelle mani degli uomini e delle donne che sanno impossessarsene. Che le cose cambiano solo se te ne occupi. E quindi Friedman scrisse:

> Se vogliamo andare in giro per il mondo a schiacciare terroristi da Kabul a Manila, sarà meglio che ci assicuriamo di essere sempre i migliori cittadini e il migliore paese possibile. Altrimenti lo perderemo, il resto del mondo.

Non so se Friedman sarebbe d'accordo con la mia sintesi – «Noi siamo i buoni, vediamo di dimostrarlo» – ma lo spero. Il suo articolo proseguiva così:

> Questo significa non solo minacciare in modo convincente i cattivi del mondo, ma anche dare una mano ai buoni. Significa raddoppiare i nostri aiuti internazionali, intensificare i programmi di promozione della democrazia,

aumentare il nostro contributo alle banche per lo sviluppo (che offrono crediti alle donne povere) e abbassare le barriere commerciali contro le importazioni di prodotti tessili e agricoli dalle nazioni più povere. Immaginate cosa succederebbe se il presidente chiedesse a ogni scuola americana di raccogliere dei fondi per comprare delle lampade a energia solare che illuminino ogni villaggio africano e permettano ai ragazzini africani di leggere la sera. E immaginate che su ognuna di quelle lampadine ci sia la bandiera americana: e quando quei bambini cresceranno si ricorderanno di chi ha illuminato le loro notti.

Vi pare un suggerimento ingenuo? Alla luce di com'è andata davvero la promozione dell'immagine americana negli anni successivi, è facile pensarlo: nessuno ha poi comprato lampadine e così le notti dei bambini afgani e iracheni sono state illuminate da ben altro. Ma proprio per questo quello di Friedman non era un articolo ingenuo: è l'articolo di una persona che ha capito e deciso che bisogna fare le cose giuste, per quanto improbabili siano. E qui arriva la seconda citazione che uso per spiegare di cosa parlerà questo libro, e anche questa me la sono inventata io ma è frutto del pensiero di qualcun altro.

Ormai molti anni fa una giornalista mi intervistò su mio padre – che scrive libri e fa il giornalista ed era stato appena condannato in un processo allora molto discusso – e mi chiese a un certo punto quale fosse la cosa più importante che mi avesse insegnato. Due cose, le dissi io, come se avessi aspettato tutta una vita l'occasione di infilare in poche parole decenni di insegnamenti straordinari ricevuti. Mi ha insegnato due cose, dissi: una è che ci sono le cose giuste e le cose sbagliate. E l'altra è che bisogna cercare sempre di fare quelle giuste.

Ora, se siete di quelli che trovano questo pensiero banale, o ovvio, avete due chance: la prima è chiudere questo libro, e se siete stati accorti non lo avete nemmeno comprato ma lo state sfogliando in una libreria e potete rimetterlo in cima alla pila. La seconda è pensarci bene. Pensare a quanto tempo e impegno dedichiamo davvero a capire quali siano le cose giuste e quali quelle sbagliate, e a quanta assiduità mettiamo nel cercare di fare sempre quelle giuste. Potete pensarci anche a casa, con calma, tanto questo libro sarà ancora qui nella pila domani. Se non lui, un altro uguale a lui, e vorrà dire che per qualcun altro in questa libreria questo inciso non è stato necessario: meglio così.

Thomas Friedman è uno che da sempre cerca di capire quali siano le cose giuste e quali quelle sbagliate, e pensa si debbano sempre fare quelle giuste, o almeno provarci. Per questo fa delle proposte intelligenti e buone anche quando nessuno poi le segue. Non solo perché c'è sempre una possibilità che qualcuno le faccia, le cose giuste, e fino a che ce n'è una va cercata, allevata, cresciuta: fosse anche una su un milione. Ma anche perché sa (io credo che lo sappia, leggendolo) che la ricerca stessa del giusto, del buono, dell'intelligente, basta a cambiare il mondo. Le cose giuste vanno fatte anche solo perché sono giuste, e perché farle diventa un insegnamento. Sono esse stesse il risultato. Adesso qualcun altro, in un'altra libreria, si starà domandando: e già, e chi decide quali siano quelle giuste? Durante la lettura di questo libro vi capiteranno tante domande così, e tante tentazioni di trovare cose che non convincano, nei suoi ragionamenti. Trovare le falle nei ragionamenti altrui è la cosa più eccitante per chi li ascolta (la seconda è non trovarne). Io vi propongo di avere un po' di pazienza, prima di alzare la mano e dimenarvi nel banco come faceva Horschack nei *Ragazzi del sabato sera*,[1] tentazione che mi è familiare. Almeno finite il libro e verificate che quelle falle non vengano riempite: un po' di pazienza.[2]

Le cose giuste che scrisse Thomas Friedman in quell'articolo, e la mia sintesi – uno slogan? Forse: ma gli slogan aiutano – sono un insegnamento. Un *insegnamento*: comincio a scriverlo ora, che poi è

---

[1] Era un telefilm il cui titolo era stato malamente tradotto per sfruttare la notorietà di John Travolta che ne era protagonista. Horschack era uno dei suoi compagni nella classe dei disadattati, e ululava eccitato quando voleva intervenire. L'ho citato perché dopo una prima lettura l'editore ha chiesto più riferimenti pop.

[2] Comunque, in questo caso, la risposta alla domanda è «decide il beneficiario ultimo in modo informato, a ragion veduta».

importante. «Noi siamo i buoni, vediamo di dimostrarlo» vuol dire che per quanto si pensi di stare dalla parte giusta e di voler cambiare le cose in meglio, la propria fedeltà a questa volontà va rinnovata e confermata ogni giorno e con ogni gesto, e che anzi sono i propri stessi gesti ad accreditare questa volontà. La tessera di iscrizione al circolo dei buoni è in scadenza continua e non basta essere nati nel palazzo di fronte ai suoi uffici per potersene vantare. Noi occidentali privilegiati da una ricchezza e da un accesso alla cultura e alle informazioni senza uguali nella storia e nella geografia del mondo, ci troviamo nelle condizioni migliori per capire quali siano le cose giuste e per farle: siamo corresponsabili senza alibi di quello che accade al mondo e di quello che gli accadrà. Ma non – scorciatoia e alibi per fregarsene concretamente – pensando a noi come società, come cultura, come nazione: parlo di ciascuno di noi e della sua responsabilità nei confronti di se stesso, degli altri e del futuro. In modo meno solenne e più articolato, di questo parlerà questo libro. «Articolato» è una parola usata per nascondere «disordinato», qualche volta: lo è anche qui, perché fare disordine, mettere carne al fuoco, è il modo migliore per cominciare a capire le cose. Poi vedremo cosa farne, delle cose che avremo capito e di questo libro. Perché predicare e razzolare sono due operazioni altrettanto importanti e generose – il modo di dire abusato[3] è spesso una scusa per avvilire le buone predicazioni, preziosissime –, come dimostra l'eccitazione complice che percorse alcuni luoghi di internet quando un segretario del Partito democratico disse durante un programma televisivo:

> Io devo fare delle cose giuste, non cercare il consenso facendo cose che non ritengo giuste.

Poi non le fece, ma le sue parole serviranno a qualcun altro. Le parole sono importanti. Sono metà dell'opera. Poi c'è l'altra metà.

Questo libro non parla genericamente di «comportarsi bene», che pure sarebbe un programma ambizioso abbastanza da costruirci un partito intorno, figuriamoci un libro (ci hanno persino costruito una religione imbattibile, prima di incasinarla con i regolamenti attuativi). Ma parla di molte cose che girano intorno all'idea che il miglioramento di noi stessi (no, non è roba new age) e del mondo debba essere il motore che fa camminare le nostre vite, perché tutto il resto poi viene da lì. Essere felici, viene da lì. Rendere felici gli altri, viene da lì. E le due cose si aiutano a vicenda. Dovrei forse rassicurare i lettori che vedano in queste perentorie asserzioni un inquietante avvicinamento all'ideologia. L'ideologia è malfamata perché è diventata la mascheratura di interessi inconfessati

---

[3] «Predicare bene e razzolare male», ne parlo più avanti.

e sinonimo di rigidità. Ma l'ideologia non è una cosa cattiva – vuol dire «sistema di idee» – se è fluida ed elastica abbastanza, curiosa e dubbiosa, e le idee del sistema sono buone.

Questo libro, insomma, parla di tre cose: una è il rapporto che gli italiani hanno con l'Italia, e il significato dell'identità italiana in questi decenni. È una questione che ha un primo inciampo nella drammatica retoricità della sua definizione: identitàitaliana. Ho provato a trovare espressioni più moderne per rendere questo concetto, «l'identità dell'Italia e degli italiani». Tipo: questo libro parla di 'sto accidenti di paese e della sensazione che ci dà. Vedete voi se preferite. Stiamo comunque già dentro alla questione, quella dei modi per parlarne, dell'Italia.

Una seconda cosa di cui parla questo libro è il meccanismo politico e sociale intorno a cui stanno girando da qualche anno la politica italiana e la relazione degli italiani con la politica. Che è quello del conflitto tra elitismo e antielitismo, conflitto in cui il primo sta soccombendo con conseguenze catastrofiche. Anche a questo concetto serve una formulazione non accademica e meno stancante, che può essere: non siamo tutti uguali. Certi sono più fortunati e certi più bravi, e sono loro che devono – devono – fare le cose più difficili. Altri sono bravi solo in cose specifiche, e devono fare bene quelle. Tutti hanno una parte di cose da fare, che non è mai la stessa per tutti. Ma il mondo sta invece andando dalla parte opposta, quella in cui Sarah Palin poteva diventare vicepresidente degli Stati Uniti e in Italia si viene eletti in parlamento senza sapere chi sia Nelson Mandela o dove si trovi Guantánamo (come rivelò una popolare e deprimente serie di servizi televisivi, qualche anno fa).[4] Si diventa leader politici perché si è fatto qualcos'altro, non necessariamente bene, o per ragioni peggiori. E intanto ci sono persone di competenze e intuizioni straordinarie a cui non è dato nessun accesso al miglioramento del loro paese e di cui spesso è malvista la stessa straordinarietà, e aumentano quelli che rinunciano e trovano di meglio da fare, lasciando ulteriori spazi politici a chi non è tagliato.

La terza e ultima idea di questo libro è che ognuno di noi sia responsabile – in una misura diversa per ognuno – del proprio destino e di quello del mondo. E questo significa due cose: che i progressi collettivi passano per i progressi individuali, e che ognuno ha la sua parte di responsabilità e di dovere. «Fa' il tuo dovere» è un grande e appassionante insegnamento (cito Norberto Bobbio ed Enzo Bianchi),[5] soprattutto se il tuo dovere te lo sei costruito tu con l'aiuto degli altri.

---

[4] Il programma era *Le Iene*: Sabrina Nobile intervistava i parlamentari su questioni di cultura generale e attualità, con risultati drammaticamente imbarazzanti. Ai palati forti, se ne consiglia la visione su YouTube.
[5] È un bel capitolo del libro di Enzo Bianchi *Il pane di ieri* (Einaudi, Torino 2008).

Questo libro insomma parla di noi, ovvero di voi, e del nostro paese. Ne parla con la solida opinione che questo paese sia spacciato: che la tragedia di un paese ridicolo si sia ormai compiuta. Ma neanche la solidità di questa opinione riesce a toglierci la nostalgia per una cosa che non c'è mai stata e la tentazione di cercarla: un posto di cui essere orgogliosi, contenti, a cui appartenere. Un desiderio che spinge molti ad andarlo a cercare altrove, questo posto, o a sognare di farlo. E che non sarà invece mai esaudito davvero fino a che l'Italia e le sue persone non avranno ricominciato a fare progetti e sacrifici che vadano oltre le prossime due settimane. Se si salva, l'Italia si salva tra vent'anni e solo cominciando a lavorarci come dei matti da subito. Altre strade non ci sono, altre cose non succederanno. Questo lo scrisse lo scrittore e poeta Robert Penn Warren a proposito della fine della segregazione razziale:

> Se per riformista intendete una persona che ritarda le cose per il gusto di rinviarle, io non lo sono. Ma se invece un riformista è qualcuno che pensa ci voglia tempo per un processo pedagogico, meglio se progettato, allora sì. È sciocco chiedere a qualcuno se lo sia, un riformista. Il riformismo è l'unica via: la storia, come la natura, non conosce salti improvvisi. All'infuori di quelli all'indietro, forse.

«Riformismo» è un'altra parola noiosa e svuotata, e se la uso è solo per debito nei confronti di un pensiero longevo: ma con i tempi che corrono non è più il contrario della rivoluzione:[6] è la rivoluzione. Pensare di poter cambiare le cose tra vent'anni è rivoluzionario. Niente arriverà all'improvviso a rimettere in sesto l'Italia, lo sappiamo bene e la storia recente ce lo dimostra. E niente arriverà, neanche gradualmente, senza metterci energicamente le mani. Stiamo andando, gradualmente, da un'altra parte. La ragione per cui le tre idee che ho elencato... le rielenco sbrigative? Meglio:

1. ci serve un paese di cui essere contenti, e non lo abbiamo;
2. dobbiamo tornare a usare il valore delle persone e della cultura;
3. ognuno di noi è responsabile e complice.

La ragione per cui stanno insieme in questo libro non è solo che le loro implicazioni si accavallano in più punti, ma più esattamente che la terza determina la seconda e la seconda determina la prima, e quindi la loro successione in quest'ordine è una ricerca dell'unico possibile futuro migliore per l'Italia. Una ricerca disincantata e con i piedi per terra: *disincantata e con i piedi per terra*, sottolineato tre volte. All'inizio del ventesimo secolo il professor Konstan-

---

[6] Non confondiamo questa definizione del riformismo – che guarda lontano e si pone grandi obiettivi ma è disposto a conseguirli gradualmente – con quella spacciata dai suoi detrattori, che gli attribuiscono obiettivi modesti.

tin Tsiolkovsky, scienziato russo, decise di trovare il modo di andare sulla luna: e non era una cosa tanto credibile, allora. Ci vollero settant'anni e un sacco di lavoro.

1

Il tram a Milano

I tram di Milano hanno degli orari. Quando ci venni a vivere fu la prima cosa che notai, assieme al fatto che a Milano non c'è la nebbia. Nella città di provincia da cui venivo si aspettava l'autobus fino a quando non passava. Va' a sapere quando. Se c'era già una signora alla fermata le si chiedeva «è tanto che aspetta?», così, per regolarsi.

Mi piacque questo di Milano. Sul palo della fermata c'era – c'è tuttora, ma oggi anche in altre città – una bachechina rovinata dalla pioggia che mostrava gli orari di passaggio di tutte le linee da quella fermata. Ovviamente non era solo questo, che potevano essere capaci tutti. La cosa davvero pazzesca è che a quell'ora lì, quella che c'era scritta un po' sbavata sulla bachechina, il tram arrivava davvero.

Lo so cosa state pensando: «Quando c'era Lui i tram arrivavano puntuali». In effetti, vivo a Milano da dieci anni ormai, e ho avuto modo di moderare quella mia fiducia nella puntualità dei tram. La statistica richiedeva dati più numerosi e distribuiti, e una pratica di attesa del tram più quotidiana e prolungata. Ci sono state volte in cui sui nuovi pannelli luminosi che hanno sostituito le bachechine mi sono trovato a leggere «tempo di attesa: 19 minuti» per la circolare del 29, la linea più importante della città. E altre in cui quel tempo di attesa era disatteso e alla mia domanda se fosse il caso di fidarsene, il tramviere rispondeva semplicemente «no».

Può darsi che i servizi pubblici siano peggiorati, nella città in cui vivo: in effetti le ultime amministrazioni hanno offerto parecchi esempi di una tendenza in questo senso. Ma per un momento ai miei occhi si è manifestata l'eventualità che in una città italiana le cose funzionino come ci si aspetta. Anzi, come non ci si aspetta. Non è una bella sensazione?[1]

Sono sul tram 29/30 e sto tornando a casa in un freddo pomeriggio di gennaio. La linea ha due numeri perché dovrebbe essere una circolare e chiamarsi con un numero diverso a seconda del senso del giro. Uso il condizionale perché non è più «circolare» da anni, il tracciato interrotto da lunghi e successivi cantieri dovuti alla preparazione dell'Expo del 2015

---

[1] L'esempio non valga oltre quel che è. Milano è la città in cui è tollerato, legalizzato e incentivato il parcheggio sui marciapiedi, il cui nome è ormai privo di senso: e tutti i tram puntuali del mondo non basteranno a cancellare questa e altre scellerate indulgenze.

o chissà cos'altro. Se il milanese sopporta con pazienza i lavori per l'Expo è perché non sa distinguerli dai lavori che c'erano prima. Ma tornando al numero, un tempo il 29 andava in senso orario e il 30 in senso antiorario. O viceversa, vatti a ricordare. Poi per semplificare hanno cominciato a indicare tutti i mezzi della linea col doppio numero, che andassero in un verso o nell'altro, e ora di fatto si chiamano tutti così. È un peggioramento o un miglioramento? Non so: direi che si sopravvive, è solo un po' scomodo da dire «passa di qui la ventinovetrenta?».[2]

Comunque sono sul tram, e potrei scendere due fermate prima per andare a comprare il pane e la focaccia appena sfornati, ma sono un po' in ritardo. Voglio arrivare a casa in tempo per seguire in tv o su internet il discorso di insediamento di Barack Obama. Quindi rinuncio alla focaccia. Barack Obama è importante. Il tram è fermo al semaforo di piazzale Baracca.

Avevo passato la notte che Obama era diventato presidente degli Stati Uniti assieme a un gruppo di amici tra i trenta e i quarant'anni. Alle cinque del mattino ci eravamo abbracciati e avevamo brindato. Avevamo scherzato un po' sull'ultima gioia di questo genere di cui ci ricordavamo – i Mondiali dell'82, ma alcuni erano troppo piccoli – e avevamo quindi con-

---

[2] Poco prima che questo libro andasse in stampa l'Atm milanese ha cancellato la 29/30 per compiere i lavori della nuova linea metropolitana.

venuto che questa fosse la cosa più bella capitata al nostro mondo dal 1989, era novembre anche allora.

Qualche ora prima, la tensione della vittoria che non arrivava ancora era stata alleggerita da un servizio di *Porta a Porta* che si apriva sulle «somiglianze tra Obama e Berlusconi» e proseguiva sostenendo che tra i primi sostenitori di Obama in Italia c'erano stati i ministri Sandro Bondi e Mariastella Gelmini. Era stato il più clamoroso momento di incongruenza tra quanto stava accadendo davvero e le persone che lo commentavano in televisione: il mondo com'è e l'Italia come si mostra.

La vittoria di Barack Obama, quella notte, era stata la prima grande gioia storica della generazione dei trentenni. Gli osservatori tradizionali nel circo italiano l'avevano paragonata alla caduta del Muro, allo sbarco del primo uomo sulla luna, o persino – e non erano pochissimi – alla fine della guerra mondiale. Passioni a cui parteciparono, eventi che avevano travolto le loro vite e le loro emozioni, ormai corrose dall'età e dal disincanto nel momento in cui un nero diventava presidente degli Stati Uniti. Avevano fatto ricorso a tutto il loro repertorio di esperienze e di cliché per analizzare quello che era successo quella notte: ma semplicemente non era più roba loro.

La vittoria di Barack Obama era di quelli che avevano l'età di Barack Obama, e di quelli che ci avevano investito tutte le speranze e gli altruismi che fino ad allora non avevano mai avuto l'occasione di tirar fuori e che il tempo non aveva ancora sbriciolato. Loro lo capivano e appartenevano a quello che stava succedendo, alla retorica sincera della speranza e del migliorare il mondo che era nei suoi discorsi, alla modernità che era stata nella sua campagna, alla leggerezza poco pomposa che stava nelle sue discrete consapevolezze, a una comunicazione fatta di immagini e condiviso interesse per il futuro. Erano loro che quella nottata l'avevano seguita sui blog e in rete, che si erano congratulati con migliaia di mail, che avevano festeggiato assieme dai quattro angoli del mondo; che avevano saputo cogliere il senso di ogni nuovo dato e non si erano fatti ingannare da notizie sbagliate o male interpretate, come nel frattempo avveniva nei talk show televisivi.[3] Erano loro che si erano abbracciati, quella notte, ed erano stati felici di una cosa che neanche li riguardava, a giudicarla con lo sguardo distaccato dei loro padri. Felici di una gioia vera, buona, lieve delle soddisfazioni incattivite e «contro» che gravano spesso sugli altri eventi con cui hanno a che fare. Non era per la sconfitta di Bush, che erano felici, né per lo smacco dei bianchi raz-

---

[3] Per più di un'ora la tv italiana aveva dato la Virginia a McCain, sbagliando. Intanto, nella matura redazione online di un quotidiano italiano si aggiornavano i dati ricopiandoli freneticamente a matita dalle schermate televisive e poi inserendoli sul sito.

zisti: e il rivale McCain lo avevano persino apprezzato, e molto. Erano invece felici perché questa era una cosa che sentivano finalmente dentro il loro tempo, una cosa che era come loro, e che conoscevano. Il mondo di fuori adesso sembrava assomigliare al loro mondo, la vita del mondo alle loro vite, non erano più controcorrente: almeno fino a che non avessero rimesso testa e piedi sul suolo italiano. Obama era uno di loro, e uno dei migliori. Quella notte avevano messo piede sulla luna anche loro, finalmente. Ed era tutta un'altra luna.

Il tram è arrivato alla mia fermata. Raggiungo il portone di casa, salgo, e mia moglie è già davanti alla televisione.

Il discorso di insediamento di Obama durò diciotto minuti e diciotto secondi. Fu un discorso bello ed eccitante, ma anche molto generico, enfatico. Fu un discorso *retorico*. Lo ascoltavo dire cose come «nel riaffermare la grandezza del nostro paese», lo ascoltavo incitare gli Stati Uniti a essere ancora il grande paese che erano sempre stati.

America. Di fronte ai nostri pericoli comuni, in questo inverno dei nostri stenti, con speranza e virtù, affrontiamo con coraggio le correnti ghiacciate, e sopportiamo quel che le tempeste ci porteranno. Facciamo sì che i figli dei nostri figli possano dire che quando siamo stati messi alla prova non abbiamo permesso che questo viaggio finisse, che non abbiamo voltato le spalle e non siamo caduti.

E ascoltavo Obama dire:

> Ora, ci sono alcuni che contestano le dimensioni delle nostre ambizioni, pensando che il nostro sistema non può tollerare troppi grandi progetti. Costoro hanno la memoria corta. Perché dimenticano quel che questo paese ha già fatto. Quel che uomini e donne possono ottenere quando l'immaginazione si unisce alla volontà comune, e la necessità al coraggio.

Ascoltavo questo fiume appassionante e commovente di retorica, e mi domandavo:

Perché noi no?

Perché.

Noi.

No?

Me lo chiedo da allora. Ho provato da quel giorno molte volte a figurarmi un pubblico di italiani, o anche a figurarmi tutti gli italiani, all'ascolto di un simile discorso rivolto a loro e all'Italia. È un pensiero banale, tanto è vero che ha attraversato il dibattito politico e giornalistico fino a diventare una specie di tic dialettico: «Ci vorrebbe un Obama anche in Italia». Lo si è detto in lungo e in largo, si sono fatte riflessioni, ricerche, giochini, analisi. Alla fine è diventato un intercalare: «Buongiorno, come va?», «Eh, ci vorrebbe un Obama anche in Italia». E ha perso anche quel po' di senso che aveva: perché è vero che questo è un paese diverso e i suoi problemi sono altri, ma è anche un po' vero che ogni cambiamento ha bisogno di un innesco, o di una guida. Nessuno pensa che in Italia ci voglia un avvocato di Chicago nero: piuttosto, che un leader – o anche più d'uno – capace di motivare un popolo stanco ed egoista, male non farebbe. Certo, poi ci vorrebbe anche altro, e diverse impostazioni, che non tutti i problemi hanno la stessa soluzione: a meno di non usare «Obama» come sinonimo di «soluzione» e allora però la frase diviene quasi tautologica.[4] Diventa la ricerca di una soluzione per ogni cosa, che è un diverso problema. Ma scavalchiamo quel tic – questo faccio da allora –, e proviamo non a immaginare cosa farebbe un Obama italiano, ma cosa farebbero gli italiani di fronte a un Obama italiano. Uno che voglia «riaffermare la grandezza del nostro paese». Uno che – ammesso che abbia vinto le elezioni – dica loro:

> Italia. Di fronte ai nostri pericoli comuni, in questo inverno dei nostri stenti, con speranza e virtù, affrontiamo con coraggio le correnti ghiacciate, e sopportiamo quel che le tempeste ci porteranno. Facciamo sì che i figli dei nostri figli possano dire che quando siamo stati messi alla prova non abbiamo permesso che questo viaggio finisse, che non abbiamo voltato le spalle e non siamo caduti.

Proviamo a pensarci. Piazza Venezia. Non so. Scegliamo un luogo equivalente a quei grandi spazi mo-

---

[4] E non parliamo di come «Obama» e «soluzione» abbiano poi allontanato molto i loro significati rispetto ai problemi dei primi due anni di presidenza.

numentali che a Washington rappresentano e simboleggiano la grandezza della nazione: Circo Massimo? Piazza Navona? Piazza del Popolo? Sono tutti luoghi che c'erano già prima, prima che ci fosse l'Italia, prima della Repubblica, luoghi di altre storie. Per dare una piazza istituzionale a un grande presidente contemporaneo bisognerebbe andare all'Eur – un po' fuori mano, e poi c'è la questione del Ventennio, e ci torneremo – oppure sull'Altare della Patria. Sul tema della patria c'è molto da dire, appunto: ci sono delle complicazioni, ma per ora accantonatele e fate finta che un discorso in piazza Venezia sia solo un discorso in piazza Venezia. Se può aiutarvi, dimenticate il balcone, e dimenticate anche l'Altare della Patria: anche se è là che siamo diretti, nei prossimi vent'anni.

Ma per ora, per il punto da cui partiamo, il luogo giusto da cui tenere il discorso davanti a una piazza affollatissima è un altro, più contemporaneo, più sinceramente italiano, più familiare all'ultimo secolo e più densamente evocativo: sul lato opposto del Milite Ignoto, davanti a via del Corso, c'è la pedana del vigile. La pedana del vigile, quella da cui solo una grande italica sapienza può governare ciò che è più ingovernabile nella italica capitale: il traffico di Roma. E con grazia ed eleganza. Elevata, ma modesta. Bel simbolo, bella metafora: e ben rappresentata nella cultura pop delle ultime generazioni, a cominciare dal film con Sordi. Insomma, il podio più significativo di sessant'anni di Repubblica, e l'episodio berlusconiano del predellino ne è stato un grigio ma efficace surrogato milanese. Questo è un paese da radunare ai crocicchi.

Bene, ecco quindi il nostro Obama italiano che con la forza della sua oratoria e il fascino della sua persona dice agli italiani, da quella pedana:

> In quei momenti, l'Italia è andata avanti non solo grazie alla bravura o alla capacità visionaria di coloro che ricoprivano gli incarichi più alti, ma grazie al fatto che noi, il Popolo, siamo rimasti fedeli agli ideali dei nostri antenati e alle nostre carte fondamentali. Così è stato finora. Così deve essere per questa generazione di italiani. Oggi vi dico che le sfide che abbiamo di fronte sono reali. Sono serie e sono numerose. Affrontarle non sarà cosa facile né rapida. Ma Italia, sappilo: le affronteremo.

Il nostro nuovo presidente dice queste cose, di fronte a una folla di italiani. Italiani normali, dico, suoi elettori: non gruppi di esaltati che farebbero il saluto romano anche di fronte a una balla di fieno. E che cosa fanno gli italiani, davanti a lui? Tacciono, ammutoliti e commossi? Urlano «Sì! Sì! Ben detto», in un tripudio di partecipazione? Si riempiono il cuore di quelle parole, le parole che avrebbero voluto sentirsi dire da sempre, che sanno di meritare, che raccontano loro stessi e le loro speranze? Vanno a casa fieri e motivati, digerendo ogni parola? Che fate, voi? Che facciamo quando il nostro presidente ci parla così?

Ecco che facciamo. Facciamo le foto col telefonino, intanto. E ascoltiamo pure. Ma poi ci guardiamo intorno spaesati. Cominciamo a darci di gomito. Questo è fuori di melone. Di chi sta parlando? Ci giriamo all'indietro: «Italia?». Ma con chi parli? «Il popolo»? «Affrontiamo»? Noi? Ma ci hai visti? E da dove l'hai tirata fuori questa «grandezza del nostro paese»? O stai ancora parlando di Leonardo, della pizza, e del Nobel a Montale?

Mentre ascoltavo Barack Obama, quel giorno là, il giorno dell'inaugurazione, una metà di me pensava «bravo, questo è parlare, questo è scaldare e animare una nazione, questo è farle ritrovare la parte migliore di sé». Ma un'altra metà di me gli diceva: «Bravo, bella forza: fai presto a recuperare la grandezza del tuo paese; facile ricordare agli americani la loro capacità visionaria; son buoni tutti a dir loro "siamo stati grandissimi, dimostriamo di esserlo ancora". Persino George W. Bush seppe dirlo in modi convincenti. Ma vieni a dirlo agli italiani, se sei tanto bravo. Vieni a dirlo a noi che siamo un grande paese, vieni a dirci che lo siamo sempre stati, e che possiamo tornare a esserlo. Vieni, e fai la faccia seria, se ci riesci. Provaci qui. E poi ne parliamo».

Il 31 ottobre 2010 due popolari comici americani, Jon Stewart e Stephen Colbert, organizzarono a Washington in una bella giornata di sole una Manifestazione per il buonsenso. Era un po' per scherzo, ma anche no: volevano, con leggerezza, mostrare che c'erano degli americani che pensavano che l'escalation di bugie politico-mediatiche, di allarme e paura su ogni cosa, di aggressività permanente, non facesse bene al loro paese. Fu un discreto successo, con decine di migliaia di persone, e l'occasione di dire cose sagge in modo spiritoso ed efficace.

La giornata fu seguita su internet anche da diversi italiani, e poco più tardi molti stavano scrivendo su Twitter e Facebook gli stessi pensieri che avevo avuto io quella volta di Obama: perché noi no? Perché noi no la bandiera e l'inno? Perché noi no la rivendicazione del buonsenso e della ragionevolezza? Perché noi no l'efficacia e la perfezione della costruzione di un evento e di un messaggio così? In coda a questo genere di riflessioni, mentre la manifestazione finiva, Mario Tedeschini Lalli, giornalista della vecchia guardia internettara di «Repubblica», scrisse su Friendfeed della folla che in chiusura scandiva «U-S-A, U-S-A!» e di come gli fosse impensabile che a un evento simile in Italia si gridasse «I-ta-lia, I-ta-lia!». Già.

Adesso, forse, state pensando che siamo pericolosamente vicini a Massimo D'Azeglio: «L'Italia è fatta, ora bisogna fare gli italiani». Pericolosamente, sì, perché ogni evocazione di retorica, o di patriottismo, o di cose già sentite è perdente e vulnerabilissima, di questi tempi. Siamo scettici, siamo cinici, siamo vaccinati: ne abbiamo viste. Figuriamoci se poi si tratta di un'evocazione di retorica, e *anche* già sentita, e *anche* di patriottismo. Però è un problema che dovremo affrontare e superare, in qualche modo: dovremo trovare un modo per toglierci questo cappotto di cinismo che avvilisce ogni cosa e appoggiarlo su una poltrona, da qualche parte. Toglierlo di mezzo no, che non si potrà mai più, e certi giorni torna buona una dose di disincanto: ma trovare il coraggio di toglierselo dalle spalle, quando ci sono cose importanti da fare e da dire, e fuori sta uscendo il sole.

Allora il primo problema sarà un problema di linguaggio: di come chiamarla, questa roba che una volta si chiamava patriottismo e ora è una parola che *nun se po' senti'*. E che non si possa sentire è giusto, e anche che non la si possa usare, perché il patriottismo era un'altra cosa, e chi pretende di ricostruirlo com'era pretende una sciocchezza perdente. Separare il patriottismo dal nazionalismo, come si è detto a lungo, o separarlo dal ridicolo, sono battaglie perse. Quello che bisogna cercare di fare è costruire qualcosa di simile e buono in un mondo cambiato, non di certo pensare di trattenere il cambiamento facendo finta di niente e riscoprendo «la patria». Il cambiamento si governa cambiando. E che il linguaggio sia una delle prime cose su cui lavorare lo dice l'equivoco possibile sulla stessa frase di D'Azeglio, «bisogna fare gli italiani»: equivoco che mi si rivelò quando all'aeroporto di Boston due ragazzini toscani superarono la fila alla cassa del bar e vennero ripresi dai loro stessi genitori con questa frase: «Non fate gli italiani». «Ora *non* bisogna fare gli italiani» rischia di essere oggi il motto delle persone perbene in questo paese. Eppure quelle persone ci sono, sono tante, e un simile motto è testimone di buone e pedagogiche intenzioni: ha un solo difetto, ed è che è il motto di una sconfitta. La verità è che questo libro vuole dire quella cosa lì, quella che più di un secolo fa disse Massimo D'Azeglio. Ma non la vuole solo dire, come fanno in molti da decenni per usarla al contrario («gli italiani non si faranno mai»), come alibi saccente per i fallimenti con cui giustificare la propria inclinazione a lavarsene le mani: «Ah, signora mia, bisognerebbe fare gli italiani…», o «Gli italiani sono fatti così, non possiamo farci nulla».[5] E giù migliaia di sbrigative lezioni sul fatto che siamo un paese cattolico e non protestante, e quindi non abbiamo il senso del dovere e pensiamo che tutto possa essere perdonato con un'Ave Maria e che il premio non arrivi in terra (come la punizione). Ma D'Azeglio non disse, a differenza di quelli che lo citano, «L'Italia è fatta, ma non riusciremo mai a fare gli italiani». Disse: «*Bisogna* fare gli italiani». Non era

---

[5] Goffredo Fofi racconta che Gaetano Salvemini non sopportava l'espressione «gli italiani sono fatti così» e attaccava: «Finché c'è un italiano che non è fatto così, non è vero che gli italiani sono fatti così».

più ingenuo di noi: però pensava che si debba fare ciò che è giusto, come Friedman. E nella differenza tra riconoscere in questa frase una sola verità – «gli italiani sono ancora da fare» – o due – «bisogna farli, cazzo!» – stanno i ragionamenti di questo libro.

2

Campioni del mondo

È una vecchia pagina di «Time», ingiallita dal suo quarto di secolo, e con il segno dello scotch sugli angoli. L'avevo attaccata al muro, quando avevo diciassette anni, e me la porto dietro da allora, di casa in casa, nella ricca scatola dei ritagli e ricordi (si è appiccicata al biglietto di Bob Marley a San Siro e a un vecchio foglietto a righe su cui è scritto: TANTI BACI DAL TUO PAPÀ). La pagina di «Time» è fatta così: c'è una foto in bianco e nero che occupa la parte superiore. Al centro della foto c'è la Coppa del Mondo. L'Italia aveva appena vinto i Mondiali spagnoli. La coppa è in mano a Dino Zoff, circondato dai suoi compagni durante il giro di campo al Santiago Bernabeu, alla fine della partita in cui battemmo la Germania. Siamo nei minuti successivi al «Campioni del mondo, campioni del mondo, campioni del mondo» di Nando Martellini. Come noi davanti alla foto, anche Zoff guarda la coppa. Non la esibisce, non è rivolto verso il pubblico, i fotografi, noialtri. Non dice «Ecco, guardate un po' cosa abbiamo combinato!». Zoff guarda la coppa porgendola a Gentile, e insieme la porge a tutti noi, e pensa «prego, è anche vostra», con quell'aria da Zoff che aveva Zoff.[1] Quell'aria con cui la volta che Silvio Berlusconi da presidente del Consiglio gli disse che avrebbe dovuto far giocare la Nazionale in un altro modo – Zoff era diventato allenatore, nel frattempo – lui rispose: «Ci sono rimasto particolarmente male per le sue parole. Certamente non ho dormito bene». E si dimise.

SUDDENLY, THE WHOLE WORLD IS ITALIAN.

Doesn't it feel great to be the greatest?
To be champions, to be first, to be best in the world?

Certainly, it does.

TIME congratulates the Italian World Cup
championship team and all the other valiant
World Cup contenders.

TIME

---

[1] Ventiquattro anni dopo la Nazionale italiana vinse di nuovo i Mondiali e le immagini di festa furono molto diverse, sia sul campo che al Circo Massimo: con i giocatori – «i gladiatori» – scatenati nell'esibizione di sé, dei propri corpi, del proprio orgoglio, della propria conquista. Era passata una generazione.

Parentesi. In questa storia, Zoff è un modello. Quelle parole sono un insegnamento. Disseminare insegnamenti, predicare col proprio esempio. Quelle parole sono un esempio di misura, umiltà, mancanza di vittimismo. La misura nelle parole usate per definire i nostri guai è una delle cose che abbiamo perduto, convinti tutti che terribili persecuzioni e sfortune si accaniscano sulle nostre nobili e autorevoli esistenze.

Ho trovato un altro ritaglio, rovistando nella scatola di Zoff, che viene da una vecchissima copia del «Manifesto». Nel giornale era pubblicato il racconto di un anziano signore tedesco, Heinrich Steiner, che aveva fatto parte di un gruppo di intellettuali e artisti – soprattutto ebrei – che vivevano a Firenze prima della guerra e che si ritrovavano alla pensione Bandini. Molti di loro erano stati deportati e uccisi nei campi. Il «Manifesto» aveva presentato l'articolo in prima pagina con la riproduzione di un brandello di una vecchia lettera che uno di quegli artisti, Rudolph Levy, aveva scritto alla signora Elena Bandini il 21 dicembre 1943:

> Cara signorina, avrete saputo già la disgrazia che mi è capitata. Sono in prigione alle Murate da più di una settimana. Dio solo sa quando potrò uscire. È duro per un uomo di 68 anni che non ha mai fatto male a nessuno ritrovarsi in questa situazione. Pazienza.
> Cordiali Saluti
> Rodolfo Levy

A rileggerle adesso, come il giorno in cui le ritagliai dal «Manifesto», quelle parole di understatement, quella capacità di affrontare le catastrofi con minor vittimismo e debolezza di quelli con cui oggi si affronta un mal di gola mi sembrano spettacolarmente esemplari: gli americani usano quella parola svenevolmente new age che è «inspirational». Noi non ce l'abbiamo una parola così, nemmeno svenevole: sarà perché non capita di doverla usare.

Torniamo alla pagina di Zoff. È una pagina pubblicitaria, comprata da «Time» sullo stesso «Time»: immagino comparisse solo sull'edizione internazionale, o europea, non so. Per compiacere i lettori e gli inserzionisti italiani, per confermare un rapporto con questa clientela. Ma non è importante. Sotto la fotografia c'è scritto «Suddenly, the whole world is italian», che vuol dire «All'improvviso, tutto il mondo è italiano». O anche «Siamo tutti italiani».

Quella pagina si impolverò, ingiallì e una volta si strappò, ma è bella anche con un pezzo di scotch in un angolo. E sto rischiando di rinnovare il fondato quanto trito luogo comune sugli italiani patriottici solo con la Nazionale di calcio.[2] Però in quella foto c'è

---

[2] «È un dato di fatto che negli ultimi anni, i lampi di una coscienza nazionale, il senso di appartenenza a una comunità, siano apparsi raramente, in occasione di una importante manifestazione sportiva o nella contingenza di qualche avvenimento luttuoso» (Walter Barberis, *Il bisogno di patria*, Einaudi, Torino 2004).

molto più che il calcio: c'è un italiano di cui essere fieri che è al centro dell'attenzione del mondo e sa come comportarsi. C'è l'Italia al centro del mondo, e si capisce che non si tratta solo di calcio.[3]

Poco dopo l'11 Settembre e l'invasione americana dell'Afghanistan, John Twohey scrisse sul «Chicago Tribune» un articolo intitolato *Mostriamo agli afgani il cuore, l'anima, la bellezza dell'America: la nostra cultura parla da sola*. L'idea – ovviamente paradossale, un sistema per dire «non limitiamoci ad andare là coi fucili imbracciati» – era che agli afgani si dovesse mostrare quello che l'America offriva loro non solo mandando cibo e aiuti, ma grazie anche a «un altro arsenale». «Nei pacchi paracadutati dovremmo mettere foto, videocassette, nastri»: seguiva un elenco del tutto personale di una trentina di cose che secondo l'autore sono un campione della bellezza dell'America. Una lista molto pop, molto «Anima mia», ma con una dose di patriottismo tradizionale mediato sempre da uno sguardo attento alla grandezza estetica: ci sono Judy Garland che canta *Over the Rainbow* e il discorso di Martin Luther King, l'ultimo tiro di Michael Jordan con i Chicago Bulls e la discesa di Neil Armstrong sulla luna, la folla che accoglie Charles Lindbergh a Parigi e il Primo Emendamento della Costituzione, i

---

[3] Di lì a tre anni culminerà una rincorsa che porterà l'Italia a superare il Regno Unito e diventare la quinta potenza economica mondiale, per un decennio (oggi è settima, col Brasile ormai a un passo dal superarla).

fumetti di Calvin e Hobbes e le foto di Ansel Adams.
Eccetera. Il patriottismo dell'America e la sua pop
culture si sovrappongono molto facilmente. Un paese
giovane, libero da ingombranti romanità e cappelle
sistine che legittimino ogni attaccamento al vecchio,
ogni resistenza alla modernità e a una coerente ricostruzione di sé. Libero.

Si può fare una cosa del genere per l'Italia, un riassunto di cultura italiana non troppo stereotipato e
anacronistico, sincero? Si può rimettere insieme un
repertorio di singoli orgogli nazionali su cui appoggiare la ricostruzione di un orgoglio nazionale (*brrr*,
che brividi: «or-go-glio-na-zio-na-le»)? Da noi la dis-
sociazione tra i simboli del patriottismo istituzionale e
la cultura popolare contemporanea è assai più vistosa:
pensate solo all'elmo di Scipio. «Le porga la chioma.»
Mi faccia il favore. Ma ognuno ha una sua lista di cose «italiane»: io senza pensarci troppo ci metterei per
esempio i versi «L'amore che strappa i capelli è perduto ormai» di Fabrizio De André, la stazione di Santa Maria Novella, i fumetti di Gipi, la lettera d'addio
di Gabriele Cagliari, Giovanni Soldini quando andò a
prendere Isabelle Autissier, Giorgio Ambrosoli, Alex
Langer, gli «angeli del fango» dell'alluvione fiorenti-
na, quel «Pazienza» scritto in italiano da Rudolf Levy.
E anche quella benedetta finale, per l'urlo di Tardelli
e per quello di Nando Martellini. Ovvero, si può costruire e dare forza a un patriottismo proprio, sia per-

sonale che collettivo, ma non per questo meno vero e appassionato, da opporre – da sovrapporre, anzi – a quello solenne, datato, retorico, a volte trombone e a volte sincero di chi pretende che l'amor patrio passi solo per la bandiera, Carlo Cattaneo, il nostro-bel-Rinascimento-che-tutto-il-mondo-c'invidia ed espressioni come «l'amor patrio»? E si può farne un nuovo promettente germoglio di «identità nazionale»? Si può? Si può sentirsi estranei al centocinquantennale dell'Italia ma non all'Italia? Non sembrerebbe, a guardarsi intorno.

Starete pensando che per quanto rimpiazziamo i contenuti, sempre di patria stiamo parlando, ed è il concetto stesso a essere anacronistico: siamo cittadini del mondo, e ogni inclinazione localistica ci porta indietro. È un pensiero facile e immediato, e l'ho avuto anch'io a lungo. Ma ho cambiato idea. Il «proprio paese» esiste. Gli vogliamo bene, anche se non sappiamo a cosa. Il «proprio paese» serve. Se non altro perché qualcuno deve pur vergognarsene quando va a rotoli. Non bastassero tutte le ragioni che ognuno può avere di affetto e legame col «proprio paese», l'idea del «proprio paese» serve a farlo funzionare, il proprio paese. Il fattore che più alimenta il declino dell'Italia – assieme alla mediocrità della sua classe dirigente, politica e non – è la disillusione sul suo futuro e sulla sua stessa esistenza in vita. È che molti di quelli che potrebbero e vorrebbero fare qualcosa per portare l'Italia da un'altra parte non riescono più a trovarla, quell'Italia da portare da un'altra parte. È che si sentono soli. È che il peggio di questo posto sta prevalendo sul meglio, e il posto diventa irriconoscibile. E come lo miglioriamo, un posto che non c'è più e che non è più il «nostro paese»?

Prima cosa da fare: crederci. Anzi seconda. Prima cosa da fare: decidere in cosa credere.

Possono bastare la *Venere* del Botticelli e i faraglioni di Capri?

A metà del 2009 il ministero del Turismo riaprì il portale Italia.it, che è una storia nella storia dell'immagine dell'Italia e della sua comunicazione. Ecco come la racconta Wikipedia, persino con indulgenza.

Nel 2004 il governo Berlusconi ebbe l'idea di immettere sul web un portale che facesse da vetrina per l'Italia all'estero e, tramite uno stanziamento di diversi milioni di euro, affidò la sua realizzazione al consorzio Sviluppo Italia, che a sua volta si rivolse alle ditte Ibm Italia S.p.A, Its S.p.A e Tiscover Ag. Responsabile dello sviluppo del sito fu nominato Lucio Stanca, ministro per l'Innovazione e le Tecnologie nel secondo e terzo governo Berlusconi,[4] che nel marzo 2004 ottenne un primo stan-

---

[4] Lucio Stanca ha poi ricoperto la carica di amministratore delegato dell'Expo di Milano 2015, con uno stipendio annuale di 450.000 euro, e ha rifiutato di lasciare il contemporaneo impegno al parlamento malgrado molte insistenze pubbliche in questo senso e malgrado la sua frequenza alla Camera da quando aveva assunto la gestione dell'Expo si fosse ridotta

ziamento di 45 milioni di euro, e successivamente un ulteriore stanziamento di 25 milioni di euro, per arricchire i contenuti del sito con progetti cofinanziati dalle Regioni. Ciononostante, il sito venne completato e messo online solo nel febbraio 2007 e, fin dall'inizio, suscitò parecchie polemiche per la notevole quantità di errori e bug di vario tipo presenti in esso: sito poco attraente e poco navigabile, mancanza del rispetto della legge Stanca e vulnerabilità agli attacchi informatici.

A fomentare ulteriormente le polemiche sopraggiunse il fatto che un blogger, Marco Pugliese, una volta ottenuto l'accesso al codice del sito, lo ristrutturò per intero da solo in una settimana rendendolo molto più funzionale dell'originale (e mettendo quindi ancor più in evidenza lo spreco di denaro pubblico effettuato). Venne inoltre creato un sito, con relativo blog, per denunciare pubblicamente lo spreco, chiedendo l'accesso agli atti di realizzazione del progetto. Nonostante tutte le polemiche sorte, il governo preferì non rivelare i documenti sulla vicenda.

Il sito trascinò stancamente la propria esistenza per meno di un anno, fino a quando non venne chiuso definitivamente nel gennaio 2008. Ciononostante dopo appena un mese venne diffusa la volontà di rilanciare il portale affidandolo questa volta all'Enit, il cui progetto era quello che era stato ideato inizialmente quando si cominciò a progettare il portale, prevedendo di dare fondi alle regioni perché contribuissero con dei contenuti al sito. In quell'occasione le regioni rifiutarono creando addirittura un sito concorrente, con un ulteriore spreco di

---

al 4 per cento delle votazioni. Di fronte a reiterate insistenze dei suoi stessi alleati politici finì per scegliere di lasciare l'Expo a metà dell'opera.

soldi; in quest'occasione decisero di accettare, anche in virtù dei fondi stanziati a loro favore per il progetto (21 milioni di euro).

E arriviamo al 2008, quando il ministro Michela Vittoria Brambilla[5] fa ricostruire daccapo il «portale del turismo italiano», l'immagine dell'Italia per chi la vuole visitare, italiani compresi. La nuova homepage si apre con una grafica involontariamente demodé e il seguente messaggio[6] del presidente del Consiglio Silvio Berlusconi:

> L'Italia è il paese del cielo, del sole, del mare. Un paese magico, capace di incantare e di conquistare il cuore non solo di chi ci vive, ma anche di chi lo visita, di chi lo scopre per la prima volta. Un paese che regala emozioni profonde attraverso i suoi paesaggi, le sue città, i suoi tesori d'arte, i suoi sapori, la sua musica. Un viaggio in Italia, per noi italiani e per chiunque arrivi da ogni parte del mondo, è un viaggio nell'arte e nel bello. L'Italia è magica. Scopritela. Nascerà un grande amore.

Una roba da ubriachi, no? O l'Italia è questa cosa qui? Siamo questa cosa qui? Voi direte che l'imma-

---

[5] Pensate a quanto si sarebbe potuto fare in termini di comunicazione originale e autoironica utilizzando la famiglia del ministro per una campagna a favore del turismo autarchico: «La famiglia Brambilla va al mare», «La famiglia Brambilla va alle terme» eccetera.

[6] Probabilmente la palese anomalia di un sito turistico in cui i turisti sono accolti dal capo del governo è saltata agli occhi anche dei suoi gestori, dopo alcuni mesi, e il messaggio e la foto di Berlusconi sono stati rimossi.

gine dell'Italia in questo contesto è costruita a fini di attrazione turistica, e che è vero che molto turismo internazionale vede esattamente in queste le attrattive dell'Italia. Ancora in questi anni, alla parata del Columbus Day, a New York, l'Italia investe una cospicua dose di impegno e soldi nel rappresentare se stessa davanti agli occhi della parte del mondo più moderna e innovativa attraverso una serie di carri guidati da personaggi travestiti da Romeo e Giulietta o da Galileo Galilei.

Ma anche consentendo questa indulgenza alberghiera: è poi così per tutti? E soprattutto: è questa l'immagine dell'Italia che anche attraverso il turismo vogliamo continuare a perpetuare? Siamo sicuri che fingere di essere il paese della Vespa, delle vigne e dei faraglioni, della *Dolce vita* e delle macchiette bucoliche vendute agli americani, sia indolore, solo una piccola truffa che aiuta gli albergatori nazionali e i produttori di cartoline mentre l'Italia e gli italiani vanno da un'altra parte? (O due altre parti: una più moderna e creativa e una più arretrata e sciatta, ma entrambe più vere della artificiosa pubblicità del Martini che raccontiamo e ci raccontiamo.)

O non è vero invece che dietro questa comunicazione a se stessi e agli altri dell'Italia stanno una pigra incapacità di analisi dell'esistente (quella che portò per esempio Silvio Berlusconi a promettere che l'Italia non sarebbe diventato il «paese multiculturale» che già era), un tentativo di fuga dalla mediocrità contemporanea che si fa fiero di storie e geografie di cui gli italiani non hanno più alcun merito (anzi, parecchie colpe) e insieme un codardo mettere la testa sotto la sabbia rispetto all'aggiornamento delle proprie ambizioni, della propria crescita, e della propria identità?[7]

Siamo su una affollata spiaggia sarda, estate 2009, con mia moglie e i bambini. I bambini sono in acqua, io traffico con l'iPhone, mia moglie ha trattenuto un venditore ambulante africano che le sta mostrando dei braccialetti e si è seduto accanto a noi. È senegalese, e la trattativa è già diventata un'intervista: lei gli chiede della sua famiglia e della frequenza con cui torna a casa e vede i suoi. Lui le parla del Senegal, lei c'è stata una volta e dice quello che si ricorda, e alla fine la transazione economica è soddisfacente per tutti. Lui si alza, raccoglie le sue cose, e andando via dice: «Bisogna voler bene al proprio paese».

Quelli che cercano una spiegazione allo scarso attaccamento degli italiani all'Italia e alla convivenza civile e orgogliosa di solito tirano in ballo alcune vicen-

---

[7] Il direttore dell'Agenzia nazionale del Turismo, Eugenio Magnani, alla conferenza stampa di presentazione del *Rapporto sul turismo 2009* formulò così la sua idea di una nuova ricerca di identità nazionale: «Credo che con il ministro ci siano tanti progetti, molte idee: la più importante credo che sia quella di rendere consapevoli i giovani italiani di essere parte di questo brand [...], sentirsi fieri di essere parte di questo marchio». Brand, marchio: siamo a cavallo.

de storiche. La mancanza della Riforma, per esempio. Il nostro essere rimasti un paese cattolico, ospite del Vaticano e del papa, e cattolico nel modo più pigro ed egoista: di quel cattolicesimo fatto di indulgenze e perdoni ideali e che trascura la concretezza delle regole e delle condotte. Quello che le religioni protestanti hanno insegnato in altri paesi in termini di rettitudine, responsabilità, rigore, ruolo della comunità, qua non l'abbiamo visto. Abbiamo amato molto il Signore e poco il nostro prossimo, abbiamo detto molte Ave Maria, e abbiamo rimpiazzato la comunità con la famiglia, con tutto il suo sistema di deroghe e contraddizioni: al punto che «la famiglia» è diventata il modello delle organizzazioni criminali avversarie dello Stato,[8] ovvero della comunità principale.

Poi c'è la questione dei Comuni e dei campanili, facilmente associabile a quella delle famiglie: ovvero la tradizione di appartenenza a una comunità che prevale però su principi, valori o regole condivise e legittimate. In cui quindi contano la riga per terra, le

---

[8] «Questo è un Paese che da sempre non ha senso dello Stato perché lo Stato gli fa senso. Dai più viene percepito come un padrino insolente cui siamo costretti a versare il pizzo sotto forma di tasse e chiunque riesca a sottrarsi alla corvée è percepito quasi come un eroe. L'idea di appartenere a una comunità più vasta di una casta ci è sconosciuta. L'omertà di massa nasce da qui. Non tanto dalla mancanza di coraggio, ma da una compiaciuta ignoranza del proprio status di cittadini che dovrebbero avere una sola famiglia, lo Stato, e un solo confine, la legge» (Massimo Gramellini, «La Stampa», 26 marzo 2010).

mura cittadine, il nome che si porta, la «tradizione»: tutto il resto è nemico.

Un terzo elemento tirato in ballo da chi cerca nella storia le cause della debolezza identitaria della nostra nazione è l'assenza di momenti di unificazione, di catarsi rispetto al passato, di azzeramento, di motivazione collettiva. La nazione è troppo giovane per avere l'orgoglio di un passato comune, e il passato precedente è ricondotto ai campanili e a isolati talenti. L'unità risorgimentale – tra poco ci torno – è molto fragile sotto questo punto di vista: uno dei momenti più liberali e liberatori della sua costruzione è la breccia di Porta Pia, ovvero un evento sentito persino come un sopruso dalle gerarchie cattoliche. Per non dire della fine del fascismo, che fu una guerra civile e a cui non seguì una rinascita comune ma piuttosto una rassegnata convivenza. L'intreccio tra il boom economico, la democrazia conquistata e l'arrivo della modernità portò qualche anno di entusiasmo, un momento sudafricano di speranza prima di accorgersi che molto era rimasto uguale. Perché ho fatto questa sommaria digressione storica? Perché se questi argomenti sono veri e solidi, allora siamo spacciati, no? Non si cambia il passato, e se questo passato è così pesante nel definire quello che siamo, l'unica possibilità che c'è è liberarsene. La teoria prevederebbe quindi la necessità che si verificassero quel momento unificante, quella palingenesi, quel momento di costruzione condivisa

che non ci sono mai stati in passato. Dolore, sofferenza, sacrificio, rinascita: una guerra. Non possiamo
sognare una guerra (che dalla Bosnia in poi non è più
impensabile). Ci deve essere un'altra strada.

Torniamo ancora a quella foto di Zoff e al perché è
importante. Non perché si tratti di calcio: altrimenti a
farci sentire italiani basterebbe il solito inno nazionale
prima della partita. Le porga la chioma. Non parlo di
essere «italiani» in senso proprio: lo siamo, ovviamente. Parlo dell'avere caro un sistema di cose condiviso,
che somigli a quello che ognuno di noi sente per la sua
famiglia, o per la città dove è nato, o per il movimento
politico che frequenta, o per il gruppo di amici con cui
condivide una passione. Per i suoi simili. Parlo, e questo è il problema, di una cosa che si chiama ahinoi patria. Non ha altro nome che quello lì, complicato come
se non bastasse dallo scricchiolio irritante di quella ti e
quella erre. Bisognerebbe cambiarle nome, alla patria, e
chiamarla più dolcemente: paglia. «Amo la mia paglia»
si può dire. «Amo la mia patria», salvo alcuni arditi,[9] no.

---

[9] Tra gli arditi, Oriana Fallaci. Riporto una parte del suo testo più famoso,
quello successivo all'11 settembre 2001, per la bella considerazione sul termine inglese che traduce patria e anche per il resto, che è interessante per
quello di cui stiamo parlando: «In inglese la parola Patria non c'è. Per dire
Patria bisogna accoppiare due parole. Father Land, Terra dei Padri. Mo-
ther Land, Terra Madre. Native Land, Terra Nativa. O dire semplicemente
My Country, il Mio Paese. Però il sostantivo Patriotism c'è. L'aggettivo
Patriotic c'è. E a parte la Francia, forse non so immaginare un Paese più
patriottico dell'America. Ah! Io mi son tanto commossa a vedere quegli
operai che stringendo il pugno e sventolando la bandiera ruggivano Iuessè-

(«Tutti hanno il diritto di essere patriottici» disse Jon Stewart alla Manifestazione per il buonsenso, sottraendo inni e bandiere al fanatismo di destra.)

Dopo l'11 Settembre, e nelle prime settimane in cui ancora eravamo «tutti americani», alcuni miei amici riempirono le loro case di bandiere a stelle e strisce. Improvvisarono pennoni, scaricarono da internet sfondi del computer con i pompieri e l'alzabandiera. In Italia le bandiere hanno un destino strano, se ne parla soltanto quando qualcuno le brucia, e di solito sono quella degli Stati Uniti o quella di Israele. Poi c'è lo sbandie-

---

Iuessè-Iuessè, senza che nessuno glielo ordinasse. E ho provato una specie di umiliazione. Perché gli operai italiani che sventolano il tricolore e ruggiscono Italia-Italia io non li so immaginare. Nei cortei e nei comizi gli ho visto sventolare tante bandiere rosse. Fiumi, laghi, di bandiere rosse. Ma di bandiere tricolori gliene ho sempre viste sventolar pochine. Anzi nessuna. Mal guidati o tiranneggiati da una sinistra arrogante e devota all'Unione Sovietica, le bandiere tricolori le hanno sempre lasciate agli avversari. E non è che gli avversari ne abbiano fatto buon uso, direi. Non ne hanno fatto nemmeno spreco, graziaddio. E quelli che vanno alla Messa, idem. Quanto al becero con la camicia verde e la cravatta verde, non sa nemmeno quali siano i colori del tricolore. Mi-sun-lumbard, mi-sun-lumbard. Quello vorrebbe riportarci alle guerre tra Firenze e Siena. Risultato, oggi la bandiera italiana la vedi soltanto alle Olimpiadi se per caso vinci una medaglia. Peggio: la vedi soltanto negli stadi, quando c'è una partita internazionale di calcio. Unica occasione, peraltro, in cui riesci a udire il grido Italia-Italia. Eh! C'è una bella differenza tra un paese nel quale la bandiera della Patria viene sventolata dai teppisti negli stadi e basta, e un paese nel quale viene sventolata dal popolo intero. Ad esempio, dagli irreggimentabili operai che scavano nelle rovine per tirar fuori qualche orecchio o qualche naso delle creature massacrate dai figli di Allah» (Oriana Fallaci, *La rabbia e l'orgoglio*, Bur, Milano 2009).

ramento calcistico, ma non ha niente dietro, è solo uno sbandieramento. Potrebbe esserci anche solo l'asta, tanto gli sbandieratori raramente alzano lo sguardo.

Invece, soprattutto dopo l'11 Settembre, questo sentirsi orfani di un'identità comune e di una bandiera per rappresentarla, per alcuni si sfogò sull'America, e per altri addirittura su Israele. La scelta ebbe a che fare con la solidarietà con l'aggredito, ovviamente, e con la prossimità alla sua cultura. Ma per trasformare un istinto di solidarietà con le vittime in una condivisione vera e disposta all'impegno servì un'altra cosa: che l'aggredito reagisse, che si potesse partecipare di una battaglia, di una rivincita, di una vittoria.

Non avevano in casa un tricolore, i miei amici che esposero le bandiere americane. Forse se ce l'avessero lo esporrebbero solo nel momento in cui sentissero il nostro paese colpito, ferito, minacciato. Ma forse non ancora: aspetterebbero che il nostro paese reagisse, che restituisse il cazzotto. Quando Rocky le busca siamo ammutoliti, sofferenti, vorremmo non vedere. È quando Rocky si rialza e comincia a restituirle che ci sentiamo con lui, e gli gridiamo «vai, Rocky!» e ci alziamo sulla sedia.

Da destra alcuni dicono che gli italiani sarebbero poco patriottici perché un cinquantennale lavoro di smontaggio dei miti fascisti da parte della sinistra li avrebbe resi tali. Oppure che una cinquantennale colonizzazione culturale li avrebbe resi più affezionati

ai miti americani che non a quelli italiani. Può darsi,
sia la prima che la seconda. A me pare che in Italia
ci sia una forte consuetudine con il fallimento. Con
le sconfitte.[10] Con le delusioni. Mi pare che ci sia un
legittimo disfattismo alimentato da un secolo di smac-
chi militari, onte storiche, piccolezze politiche.

Guerre perdute, un regime di cui vergognarsi,
mai un governo che arrivasse al panettone, pastette
interne e pochezze internazionali, malfunzionamen-
ti quotidiani sono sì diventati un luogo comune, ma
sono anche l'immagine che l'Italia – alternandola
solo a quella delle tragedie e dei dolori – ha dato di
sé e a sé nel secolo scorso e nel millennio nuovo. Ancora nel 2009 il momento di maggior ammirazione
internazionale l'Italia lo ottenne portando il mondo
a vedere come il terremoto aveva ridotto L'Aquila
e l'Abruzzo, durante il G8. E nel 2010, quanto ci
è piaciuto ottenere ancora la commiserazione mondiale su Pompei sbriciolata? Fieri, abbiamo mostrato le nostre macerie, le macerie del nostro passato,
il meglio che possiamo vantare. Eravamo di nuovo
Rocky a terra. In un paese che sul piano pubblico e
dell'informazione ha mantenuto una continuità con
se stesso tutta sul filo del tragico o del ridicolo, esibire un amor patrio convinto e privo di ironia richiede

---

[10] La più famosa e citata battaglia nel parlare comune è quella in cui per-
demmo – Caporetto – così come l'avversario calcistico divenuto modo di
dire è quello che ci umiliò: la Corea.

uno sprezzo della retorica e del ridicolo di cui non tutti siamo capaci. O richiederebbe delle vittorie.

Nel gennaio del 2011 la regione australiana del Queensland è stata travolta da una gigantesca alluvione, e in particolare la sua capitale Brisbane. Il Queensland ha un territorio molto esteso con appena quattro milioni e mezzo di abitanti, metà dei quali vivono a Brisbane. Non ha una storia che sia mai arrivata oltre i libri australiani, nessuna tradizione di arte, cultura, orgoglio patrio comparabile con quelle italiane ed europee, nessun ruolo nella geografia politica internazionale. La stragrande maggioranza degli italiani non saprebbe associare una sola cosa al Queensland, né immaginare quale possa essere la cultura di un queenslander. Ma la mattina in cui Brisbane si è svegliata sotto quasi cinque metri d'acqua, il primo ministro dello Stato del Queensland Anna Bligh ha tenuto una conferenza stampa in diretta sullo stato delle cose, e ha concluso, commossa:

> Vi voglio ricordare chi siamo. Siamo queenslanders.

Qual è il problema con la bandiera italiana? Lo stesso che abbiamo con la parola patria, scricchiolio a parte: è difficile adeguarsi a quel che di solenne, vuoto e disciplinato ci è stato rifilato per decenni a proposito di patria e bandiera, simboli. La vuota retorica patriottica, che la Repubblica ha cercato di mantenere in vita come se niente fosse dopo l'avvilimento fascista, ha aggiunto ridicolo al vergognoso: il patriottismo e la bandiera, sinonimi di un odioso e grottesco nazionalismo, sono stati riadottati dalle istituzioni democratiche che invece di restituir loro dignità ne hanno peggiorato ulteriormente l'immagine. Da simboli di un fallimento pagliaccio e violento sono diventati simboli di un fallimento sfigato e inetto.

Il crollo delle ideologie pare aver lasciato in vita le simbologie. Che una maglietta del Che, una spilletta berlusconiana o una bandiera tricolore debbano emanare significati più alti che non i comportamenti delle persone, i loro affetti e i loro valori reali, è una stupidaggine. Va bene che predicare bene è importante quanto razzolare, ma cosa predica un alzabandiera? D'Azeglio e Pietro Micca, pace all'anima loro, non sono oggi di esempio più di Thomas Jefferson e Gandhi. Se i giovani italiani – anche quelli che non passano i pomeriggi a fare le vasche sui corsi cittadini – non sentono un particolare trasporto per la bandiera, questo ha anche a che fare con la scarsa attualità dei valori di cui la si vuole portatrice: l'indipendenza? L'orgoglio nazionale? Le conquiste risorgimentali di una classe politica che non permetteva il voto alle donne? O quelle di una monarchia di cui ci vergognammo tanto da pensare una norma costituzionale anticostituzionale per tenere lontani gli eredi? È comprensibile che persino la azzurra bandiera europea e

la sua promessa di cosmopolitismo e modernità eser-
citino maggiori fascinazioni.

C'è soprattutto una differenza saliente, mi sembra, tra come gli americani sentono il rapporto con il
loro paese, la sua bandiera, il suo inno, e come lo viviamo noi con i nostri. Gli americani amano la bandiera e l'inno, come notò appunto Oriana Fallaci. Anche
i francesi amano *La Marsigliese*, compresi i ragazzi.
Per gli uni e per gli altri quelli sono simboli non tanto
– o non solo – dell'indipendenza da un giogo esterno,
sollievo anacronistico per i giovani occidentali. Sono invece tuttora simboli di libertà, e di uguaglianza. La Rivoluzione francese aveva quelli come motti; e l'indipendenza ha reso gli Stati Uniti il paese delle opportunità
e degli uomini liberi, il paese aperto a tutti, il paese che
ha combattuto un'ulteriore guerra per l'uguaglianza dei
suoi cittadini. C'è forse una forza di questi valori – at-
tuali, vivi, sentiti – che qui è stata tramandata dall'Unità
d'Italia? Cosa stiamo celebrando, nel 2011? Un traguardo di geografia politica, uno spostamento di confini,
sovversioni di dinastie regnanti, o anche qualcos'altro?
Qualche anno fa un programma di Radio 3 fece parlare
diversi ragazzi liceali sulla bandiera e la patria. La maggior parte di loro disse di essere affezionata all'Europa,
oltre che all'Italia – ma arrivarono pure risposte come
«la sola bandiera è quella della Lazio» – e di aver difficoltà ad appassionarsi a una cosa che le sembrava vecchia: la patria punto (Sandro Pertini, un ragazzo italiano

appassionato, ci teneva a chiarire che odiava il nazionalismo e amava la sua patria ma anche le patrie degli altri). Riuscire a commuovere i ragazzi italiani è difficile: il loro paese e i suoi simboli oggi fanno appello alla liberazione dal tiranno austriaco, o al Risorgimento dei Savoia, quelli di Emanuele Filiberto.[11] E capirete le difficoltà.

[11] Alla vigilia del centocinquantennale dell'Unità d'Italia il paese era piuttosto tiepido nei confronti dell'anniversario. Le celebrazioni devono ringraziare le insofferenze antiberlusconiane e antileghiste che hanno compattato qualche fila in sostegno di una fase storica che ormai interessa solo agli storici o ai nostalgici dei propri vecchi successi scolastici. Quello che ha allargato un po' di più l'attenzione al tema è stato un film – inevitabilmente – che però gli animi li ha ulteriormente raffreddati: *Noi credevamo* di Mario Martone. Film che ha il merito – la colpa, per chi esce demoralizzato dalla proiezione – di retrodatare a centocinquanta anni fa tutte le cose peggiori che siamo tentati a pensare dell'Italia di oggi e che vorremmo attribuire a un'emendabile deragliamento temporaneo. E invece quel film ti dice che quelle cose vengono da lontanissimo e che *sono* l'Italia. Ma tornando alla debolezza della presa del Risorgimento sugli italiani di oggi, Lanfranco Pace ne ha scritto questo, sul «Foglio», riassumendo il repertorio di spiegazioni che si danno al fallimento italiano: «Dicono che è andata così perché siamo un popolo stanco, dominus del mondo per settecento anni, che è tornato ad essere grande a sprazzi, nella fioritura dei comuni, nell'orgogliosa solitudine delle sue città mondo. Dicono che è andata così perché nazione di risulta, arrivata ultima nel consesso quando gli Stati nazione in Europa andavano verso l'agonia e quella feroce follia che avrebbe provocato centinaia di milioni di morti. Dicono che è colpa di una casa reale incolta e pavida. Di una dittatura che ha rinnegato la sua vera anima e stravolti i segni e i simboli della Roma antica. Della Chiesa più potente che mai, dopo il Concordato. Dicono infine che è colpa di quelli che sono venuti dopo. Della resistenza che nella retorica del compimento ha accentuato le divisioni che c'erano, della destra che non sempre ha messo la patria su tutto, della sinistra che diffidava persino del nome e nella sua utopia della liberazione ha guardato all'Est. Della scuola che da tempo non funziona e non trasmette né i valori né la cultura. Del trionfo inevitabile del dio denaro, della globalizzazione. Tutto vero, forse. Ma se fosse esistito

Questo nostro non è *the land of the free*. Non è il paese di *liberté, egalité, fraternité*. Non resta che costruire altre ragioni per andarne fieri. Riccardo Illy ha scritto[12] che è la qualità della vita il tratto italiano su cui far ricrescere l'economia e la modernizzazione del paese, usandola come attrazione per imprese e innovazioni dal volto umano. Filippo La Porta, in un suo libretto che mette a confronto i sentimenti patri americano e italiano, sostiene che gli italiani non siano in grado di ammodernare se stessi e il repertorio che costituisce la loro identità nazionale: e che da questo repertorio desueto e inutile si possano quindi salvare solo la bellezza e il senso degli italiani per la bellezza, e ripartire da lì. Sarà che mi pare che ne sia rimasto ben poco, di quel senso per la bellezza, e che si tratti in gran parte di impostura. Sarà che non voglio credere che le grandi cose di cui molti italiani sono capaci dentro e fuori dal loro paese debbano invece abbattersi desolate di fronte al supremo impegno di migliorarlo, questo paese. Sarà che la bellezza è fragile... insomma il metodo La Porta non mi convince. E anche il potenziale magnetico della qualità della vita citata da Illy mi sembra indebolito e comunque insufficiente.

---

un epos del Risorgimento, un limpido momento del mito, avrebbe resistito a tutto. Sarebbe arrivato a noi con forza solare. Non ci avrebbe obbligato ogni volta a frugare nel passato. Non ci terrebbe ancora oggi qui, a farci domande».

[12] Riccardo Illy, *La rana cinese*, Mondadori, Milano 2010.

Più convincente mi pare Antonio Pascale nella sua coraggiosa battaglia[13] per una rivalutazione del metodo scientifico per la ricostruzione di una cultura e di una discussione condivise e lontane dalla menzogna permanente in cui siamo immersi: ovvero, in sostanza, per un ritorno in auge della verità. Vasto programma, ma è un programma, che è quello che ci serve. Il paese ha bisogno di vittorie. Sembra una frase ironica. Invece dico sul serio, con sprezzo del ridicolo. Se non di vittorie, almeno di buon gioco. Se non di buon gioco, almeno di vedere che si sta lavorando bene, e poi le vittorie vengono, come dice il mister. L'amorpatrio lo si guadagna. Perché in sostanza è questo che chiedono la stima del proprio paese e la voglia di appendere bandiere. Rivincite, belle figure, primati, cose di cui andar fieri. «Siamo stati bravi.» Per ora ognuno di noi ha le sue e se le tiene strette: una che abbiamo tutti quanti – la sua straordinarietà inattesa rivelata dall'avverbio «suddenly» – è ancora quella formidabile foto di Zoff.

Aggiungo una spiegazione – vedrete che non è irrilevante in questo discorso – sul perché a diciassette anni leggessi «Time», pur vivendo un'adolescenza allegra, ignorante e scriteriata come molte, in una qualsiasi città di provincia italiana all'inizio degli anni Ottanta del secolo scorso. E sul perché lo ricevessi

---

[13] Ne ha scritto in *Scienza e sentimento* (Einaudi, Torino 2008) e in *Qui dobbiamo fare qualcosa. Sì, ma cosa?* (Laterza, Roma-Bari 2009).

in abbonamento personalmente: non è che me lo tro-
vassi in casa, buttato lì da genitori cosmopoliti (sono
stato il primo anglofilo in una famiglia di insegnanti
con formazioni germaniste o francofone, e il primo
in tutta la stirpe a mettere piede negli Stati Uniti). La
ragione per cui leggevo «Time» a diciassette anni, a
Pisa e tra un calcetto e una birreria, è che mia nonna mi ci aveva abbonato, di sua iniziativa. Mia nonna
pensava, cioè, che a un diciassettenne normalmente
distratto da calcetto e birreria facesse bene imparare
qualcosa del mondo, imparare qualcosa del mondo
suo contemporaneo, e imparare a conoscere le lingue
di quel mondo. Mia nonna pensava insomma quel che
sto cercando di mettere in questo libro:[14] che si devono imparare cose dagli altri, che si devono insegnare
cose agli altri, e che si deve andare a cambiare il mondo. Adesso ha novantasette anni, e probabilmente in
questo momento sta rileggendo Dickens.

---

[14] Un libro di consigli della nonna, insomma.

3

Sarah Palin e l'elitismo

Ma certo si ha così spesso il dubbio che
perfino i principi di libertà, uguaglianza, solidarietà che
fondarono l'idea della democrazia siano per così dire scivolati
sullo sfondo, e che l'unico valore effettivo della democrazia
sia la democrazia.

Alessandro Baricco, *I barbari*[1]

Ho un caro amico con cui litigo spesso, come capita. La tipica coppia che si vuole bene e non si sopporta, e più si frequenta e meno si sopporta. Tra le altre cose su cui litighiamo tuttora c'è questa, che racconto dal mio parziale punto di vista. Il mio amico è una persona colta e avida di sapere, cresciuta in un tempo in cui la cultura e l'avidità di sapere sono vissute con senso di colpa nei confronti di chi non le possiede, e in cui cultura e avidità di sapere sono associate a scarsa familiarità con pratiche più virili, concrete e vicine alla realtà quotidiana. In più, è un tempo che ha sdoganato da parecchio le culture e i mondi più leggeri, frivoli e popolari: consentendo così a molti di noi di costruirsi carriere e coscienze a base di equilibri tra «il serio e il faceto», «il basso e l'alto», in cui la convivenza tra le diverse categorie viene spesso trasformata in loro omogeneità. E insomma, se io dico che ci si può occupare sia di

---

[1] Alessandro Baricco, *I barbari*, Feltrinelli, Milano 2009.

Dostoevskij che di *X Factor*, ma Dostoevskij è meglio e più importante per l'umanità, il mio amico nega. Non dice nemmeno che sono uguali, dice che non è un piano su cui vuole scendere. E che, casomai, Dostoevskij è più noioso di *X Factor*, qualche volta.

Quelli come lui hanno avuto in regalo da qualcuno l'espressione «cultura pop» con cui ammantare del pregio della parola «cultura» qualunque cosa conosca una qualche diffusione quantitativa, buona o cattiva che sia. E se io dico che è giusto che ognuno di noi si prenda la responsabilità di insegnare agli altri, con i mezzi che ha, le cose che sa e che ha capito, il mio amico si tappa le orecchie e comincia a fare «lèrolèro-lèrolèro», per poi dire che è prepotente e presuntuoso pretendere di dare lezioni agli altri e di investire i media e la televisione di ruoli pedagogici. Per ridicolizzare entrambe le nostre visioni della società, posso dire che la sua risale a «panem et circenses», la mia a «educare le masse».

Fatto sta che lo scorso autunno il mio amico scrive su Twitter che gli è piaciuto molto un commento che ha letto sul «New York Times»: «Brava Maurina» commenta. «Maurina» per lui è Maureen Dowd, columnist combattiva e sarcastica-a-tempo-pieno in servizio al «New York Times» da quindici anni, nonché premio Pulitzer. Incuriosito da questa indicazione, vado a leggere l'articolo di «Maurina». Si intitola *L'ignoranza diventa chic*. Parla a lungo di Marilyn

Monroe e della convivenza in Marilyn di un'immagine di bella-e-stupida e di un'aspirazione a essere altro ed essere giudicata altro. Dice Dowd che allora «essere in gamba era considerato cool.[2] Marilyn aspirava a leggere buoni libri ed essere amica di intellettuali, fino addirittura a sposarne uno» (era Arthur Miller). Ma ora, e qui arriva il punto di Dowd, «un'altra famosa bellezza, Sarah Palin, ha reso cool l'ignoranza». Chi se ne importa se non sai dire che giornali leggi, se confondi i nomi, se non ti ricordi la storia. Spiega Dowd: sempre meglio che essere uno di quegli «smidollati elitisti» come il presidente Obama. Ed elenca i sempre più frequenti casi di leader politici e uomini delle istituzioni ignoranti delle istituzioni stesse, della loro storia e della Costituzione, ignoranti della lingua e fieri di esserlo: «Quando si tratta di guidare il Paese, la straordinarietà dei leader è vista con sospetto: per queste persone i leader devono essere proprio come voi». E conclude: «Nell'America di Marilyn c'erano ambizioni. Gli Studios andavano in cerca di letteratura e romanzi piuttosto che libri di battute o schifezze ombelicali. *Fantasia* di Walt Disney associava i cartoni animati a famosi compositori di musica classica. Anche in Bugs Bunny c'era Wagner».

---

[2] Negli stessi giorni uscì in Italia il libro di Enrico Brizzi *La vita quotidiana in Italia ai tempi del Silvio* (Laterza, Roma-Bari 2010), che ospita a proposito degli anni Ottanta la seguente simile ed esauriente considerazione: «Un'epoca in cui sembrare intelligenti era ancora di moda».

Bello, ho pensato. Bello e deprimente e vero. Per un po' mi sono dimenticato del mio amico e ho pensato a Marilyn Monroe, e a Sarah Palin.

Il 29 agosto del 2008 John McCain, avversario di Barack Obama nella competizione presidenziale, tirò fuori dal cappello un coniglio che condizionò in effetti tutta la campagna successiva, e rubò la scena allo stesso Barack Obama, beniamino dei media e già eroe di mezzo mondo per quello che era riuscito a ottenere. Nel cappello di John McCain c'era Sarah Palin.

Sarah Palin fu un'invenzione comunicativa straordinaria e geniale. McCain era un anziano uomo di politica ed eroe di guerra, rispetto a Obama giocava in un altro campionato: aveva tutte le doti per conquistare gli elettori di una volta, quelli che badano alla sostanza, all'esperienza, alla solidità del candidato. Quelli chi-lascia-la-via-vecchia-per-la-nuova. Ma gli elettori di una volta vanno diminuendo, in tutto il mondo, e Obama aveva dalla sua una formidabile potenza di immagine, l'entusiasmo che trasmetteva, l'idea di cambiamento e di modernità che offriva a un bel pezzo di America molto disincantata sull'amministrazione precedente, e un fascino che non si vedeva alla Casa Bianca dai tempi di Kennedy. Obama era figo e stava andando fortissimo.

Ed ecco allora il candidato alla vicepresidenza annunciato da McCain una settimana dopo che Obama ha presentato il suo (un senatore sessantaseienne azzimato e discreto, per ragioni simmetriche): McCain estrae Sarah Palin. Donna. Governatore dell'Alaska. Repubblicana. Supermamma. Tutto il contrario di Obama, ma nello stesso campionato.[3] Sarah Palin è sexy, spiccia, concreta, moderna a suo modo. Di questo millennio. La sua linea politica universale è fintofemminista e declinabile ovunque: se-una-donna-sa-allevare-dei-figli-può-fare-qualunque-cosa. Sbucata dal nulla, o almeno dall'Alaska: la cosa più simile al nulla nel nostro mondo.

I media impazzirono per lei, e anche un bel po' di americani che non vedevano l'ora di essere trascinati in battaglia: malgrado il curriculum militare, McCain era troppo moderato e anziano per fare a botte, e troppo equilibrato. Era noto per frequenti intese bipartisan con i parlamentari democratici. La competizione con Obama era tutta in punta di fioretto ed eleganza, in un clima politico ben lontano da quello che l'aveva preceduta e che l'avrebbe seguita. Sarah Palin invece scatenò una crociata che al confronto il pericolo comunista evocato quaggiù da Berlusconi sono bruscolini (bruscolini dello stesso genere, comunque: nel peggio le similitudini tra Italia e Stati Uniti sono più numerose).

I media impazzirono per lei, perché un candidato

---

[3] Come se a Sanremo si giocassero la vittoria Jovanotti e Mino Reitano, ma Mino Reitano si presentasse in duetto con Belén Rodriguez e Jovanotti con Iva Zanicchi.

vicepresidente donna di bell'aspetto (versione sexysegretaria) e di battute sventate è il sogno di qualunque redazione giornalistica, subito dopo la nomina di un transessuale alla segreteria dell'Onu. Ma gli osservatori politici seri cominciarono presto a guardare con sospetto alle dimensioni della inesperienza della candidata e alla sua inadeguatezza al ruolo, che si resero più palesi e poi plateali di giorno in giorno. Rapidamente, il giudizio su Sarah Palin separò in modo netto gli americani: da una parte le élite della politica e dell'informazione e gli elettori più attenti ed esperti, dall'altra una gran massa di americani a cui non interessava niente di ciò che Palin sapeva o soprattutto non sapeva fare: era ai loro occhi una di loro, e aveva voglia di menare le mani, come loro. Soprattutto diceva di voler menare le mani con quelli che «pensano di essere migliori degli altri» e «vogliono dire agli americani cosa devono fare».

La battuta più celebre e vituperata nel lungo repertorio di gaffe e ingenuità del candidato Palin è quella sulla Russia vista dalla sua finestra. In realtà lei non la disse mai come poi le è stato rinfacciato dai suoi critici e da mille gag comiche televisive. Cioè, non disse mai, a proposito delle sue competenze in politica estera: «Conosco bene la Russia: la vedo dalla finestra di casa mia, in Alaska». Ma successe questo: l'11 settembre 2008 fu intervistata da Charlie Gibson della Abc che le chiese conto di una frase di McCain sul fatto che la vicinanza dell'Alaska alla Russia fosse una credenziale rilevante nel futuro della sua vicepresidente. Gibson le chiese se lei fosse d'accordo, e Palin rispose: «Sono i nostri vicini di casa, e dall'Alaska puoi persino vederla, la Russia: da un'isola dell'Alaska».

Quella analisi elementare divenne, per i suoi detrattori, la sintesi della politica di Sarah Palin. E per quanto sia stata poi travisata e strumentalizzata, lo era davvero. Il dibattito giornalistico e politico che ne seguì fu molto ricco, e riguardò la contrapposizione tra elitismo e antielitismo (c'è una differenza tra i termini «elitismo» ed «elitarismo», e anche tra i loro diversi usi, e la spiego tra poco). Le ragioni per una simile discussione non nascevano con Sarah Palin, naturalmente. La comunicazione «antipolitica» è nata il giorno dopo la politica, e il tentativo di spacciarsi per «uno di voi» è stato intrapreso da quasi tutti, e con maggior sforzo da quelli in realtà più «diversi da voi». Lo stesso George W. Bush, malgrado tutta la sua dinastia ed educazione, aveva a suo tempo visto premiare il suo «parlar chiaro» e i suoi modi così distanti dall'aristocrazia della politica e della cultura. Non un intellettuale: un uomo del ranch. Ma con Sarah Palin il percorso si completa e si perfeziona, e ottiene il successo desiderato: la gente ci crede, e lei – per quanto governatore di uno Stato – è davvero «normale», in quel senso (il primo criterio in base al quale un candidato è giudicato normale è la sua ignoranza: l'antielitismo si associa all'antintellettualismo, anch'esso di lungo corso). Col suo successo fa un notevole balzo in avanti il fenomeno sociale che invoglia ad affidare grandi impegni e grandi responsabilità che riguardano tutti non a una persona di doti straordinarie e competenze specifiche e adeguate, ma piuttosto a una persona «normale», uno di noi, che limiti le sue capacità a sapersela cavare in un compito qualunque: si tratti della gestione familiare, della conduzione di un'azienda o di un programma televisivo. Persino della spesa al supermercato, o di una punizione dal limite.[4]

Per capire cosa sia successo – in America ma anche in Italia, ci arriviamo – bisogna prendere in considerazione l'uso di una manciata di -ismi, maneggiati da politologi, sociologi e commentatori con significati di volta in volta diversi o che si accavallano: elitismo, populismo, elitarismo, antielitismo, pluralismo, egualitarismo. Cerco di essere sintetico, che questa è la parte noiosa, ma ci sono rischi di equivoci con le parole di cui ci dobbiamo liberare.

---

[4] «Quando si tratta di politica, questo paese adora follemente la mediocrità. "Pensano di essere migliori di te" è l'accusa che cinici e incompetenti strateghi repubblicani diffondono tra la gente, e la gente se ne ubriaca. "Sarah Palin invece è una persona qualsiasi!" Certo: ma troppo qualsiasi. La prossima amministrazione dovrà affrontare immediatamente questioni come la proliferazione nucleare, guerre in corso in Iraq e Afghanistan (e altre guerre sotterranee altrove), il riscaldamento globale, l'aggressività russa, il boom della Cina, epidemie minacciate, l'islamismo su molti fronti, la scomparsa delle Nazioni Unite, la crisi del sistema scolastico americano, la crisi energetica, internet e le sue infrastrutture e sicurezza. La lista è lunga e Sarah Palin non sembra in grado nemmeno di mettere questi temi in ordine di importanza, figuriamoci occuparsene» (Sam Harris, *When atheists attack*, «Newsweek», 9 settembre 2008).

Storicamente l'elitismo è stato due cose assai diverse: una teoria «descrittiva» di una realtà oppure un pensiero e un progetto. La prima constata e sostiene che il potere politico sia sempre in mano a un'élite di qualche tipo, a un gruppo di persone che lo detenga per censo o per appartenenza a un sistema, indipendentemente dai procedimenti democratici che glielo hanno consegnato. Quest'analisi può essere neutra, o più frequentemente critica, nelle sue banalizzazioni: spesso diventa sinonimo di «comandano sempre gli stessi», e genera quindi un «antielitismo» (rafforzato da «è tutto un magna magna») che predica la necessità di cambiare questo stato di cose. Però la teoria dell'elitismo può anche essere positiva, e trasformarsi allora in un'idea costruttiva e un pensiero politico: sostenendo che è giusto che a compiti straordinari si dedichino persone di qualità straordinarie, a patto che ci sia un ricambio che garantisca la continuità di quelle qualità. Definendo quindi positivamente le élite come contenitori rinnovabili di qualità, merito e competenza.

Come si capisce, lo scarto tra i due modi di intendere l'elitismo deriva dal diverso modo di intendere la composizione delle élite e dai processi storici che le hanno formate: dove, come prevalentemente avviene oggi in Italia, le si ritengano consorterie di potere aliene da punti di merito e chiuse al ricambio, esse divengono un nemico da smantellare, e legittimano gli antielitismi. Se invece si dà al termine un significato più nudo e proprio, che definisce gli «eletti» non solo nel senso democratico (quelli che sono stati eletti) ma nel senso per cui si dice anche «il popolo eletto», ovvero coloro che hanno talenti e qualità eccezionali e superiori rispetto a un compito o un destino, l'elitismo che mira a promuoverli assume una connotazione positiva (migliori risultati nelle scelte delle classi dirigenti si avranno quindi quando gli eletti dalle loro qualità coincideranno con gli eletti dai voti: sintomo della realizzazione di una democrazia informata).

È interessante come l'accezione della parola cambi nelle varie lingue su Wikipedia. La pagina italiana si barcamena, ma suggerisce l'accezione negativa:

> L'elitismo è una teoria politica basata sul principio minoritario, secondo il quale il potere è sempre in mano a una minoranza. Si fonda sul concetto di élite, dal latino *eligere*, cioè scegliere (quindi scelta dei migliori). Termini interscambiabili con quello di élite sono aristocrazia, classe politica, oligarchia.

La pagina angloamericana è molto chiara sui due significati, privilegiando quello positivo ma mimetizzando il discutibile «ricchezza» in mezzo agli altri e più apprezzabili «attributi particolari» propri delle élite:

> L'elitismo è l'idea o la pratica per cui gli individui che sono considerati membri di un'élite – un gruppo selezionato di

persone con capacità personali superiori, dotate di intelletto, ricchezza, competenza o esperienza, o altri attributi particolari – sono quelli le cui opinioni su una materia devono essere prese in maggior considerazione o aver maggior peso; i cui giudizi o le cui azioni sono più probabilmente costruttivi per la società; o le cui straordinarie abilità o conoscenze li rendono più adatti al governo. Alternativamente, il termine elitismo può essere usato per descrivere una situazione nella quale il potere è concentrato nelle mani di un'élite.

Al tempo stesso, Wikipedia in inglese ha una pagina dedicata alla «teoria delle élite» che si avvicina di più a quella italiana sull'elitismo.

La teoria delle élite è una teoria che cerca di descrivere i rapporti di potere nella società moderna. Sostiene che una piccola minoranza, formata da membri dell'élite economica e di apparati politici, detiene gran parte del potere indipendentemente dai processi democratici di uno Stato.

Wikipedia francese non ha una pagina dedicata all'elitismo, e affronta i possibili equivoci rimpiazzandola accortamente con la pagina «Elitismo in Francia»:

In Francia l'elitismo è l'attitudine a favorire la formazione di un'élite e l'accesso degli individui giudicati migliori ai posti di responsabilità. Si tratta in questo senso di un valore repubblicano riassunto in un motto rivoluzionario – «La carriera aperta ai talenti» – in opposizione alla selezione per nascita. Più recentemente ha acquistato una seconda accezione, negativa, che indica la creazione di una distanza – politica o culturale – tra una classe dirigente e coloro che ne sono governati, in spregio alla volontà di una maggioranza.

«Un valore repubblicano», e «rivoluzionario». Più recentemente, ha acquistato una seconda accezione. Chissà se tra cinquant'anni – laddove si mantenesse la tendenza recente – le definizioni di Wikipedia saranno ancora queste, o se la «seconda accezione» avrà prevalso in tutte le lingue. D'ora in poi, per questo libro che cerca di immaginare una rivoluzione possibile, l'elitismo sarà quello dei francesi (quello per cui non ci vuole un grande pennello ma un pennello grande): «l'attitudine a favorire la formazione di un'élite e l'accesso degli individui giudicati migliori ai posti di responsabilità».

Mettiamoci allora d'accordo di chiamare invece «elitarismo» ciò che i critici dell'elitismo imputano all'elitismo: ovvero la tendenza a mantenere il potere all'interno di cerchie immutabili e prive di reali meriti e competenze, che non si possono quindi definire «elette». «Caste» sarebbe una parola adeguata, non fosse stata sputtanata dal recente periodo di qualunquismo demagogico (per quanto il libro di Gian Antonio Stella e Sergio Rizzo, che l'ha resa popolare abbia molti meriti e non pecchi di qualunquismo). Oligarchie, forse. Comunque, staccate tutto questo castello di accezioni dal significato del termine elitismo.

«Antielitismo» è il termine che invece indica l'opposizione all'elitismo in quanto tale: è antielitista chi contesta l'idea che a ruoli di potere e responsabilità debbano accedere persone di qualità superiori e straordinarie. Può sembrare sulle prime impensabile che esista una simile opinione, ma invece prospera per diverse ragioni. Una è la repulsione che presso alcuni suscita l'idea che ci siano persone di qualità superiori rispetto ad altre, repulsione dovuta a un eccesso di «correttezza morale», a un malinteso senso di uguaglianza. Dove l'uguaglianza è soppiantata dall'egualitarismo: invece di chiedere pari diritti e pari opportunità che ogni singolo possa sfruttare per ottenere dei risultati, queste persone chiedono che siano sempre pari anche i risultati.[5] Un'altra ragione di adesione all'antielitismo è il meno leale fastidio nei confronti di qualunque élite a cui non si appartenga (le élite sono minoranze, i loro critici maggioranze anche se fingono di no): i sentimenti di invidia, frustrazione, competizione sono umani, e ancora di più lo è la percezione di una superiorità esibita e di una mancanza di umiltà da parte delle élite, per quanto capaci e competenti siano (parlerò dopo della nostra difficoltà ad accettare le qualità altrui che non abbiamo, e ancora di più ad accettare «lezioni»). Un'altra

---

[5] «La democrazia impone che tutti i cittadini comincino la gara nelle stesse condizioni, l'egualitarismo pretende che nelle stesse condizioni la finiscano» (Roger Price, citato in Paul Fussell, *Class. A Guide Through the American Status System*, Touchstone, 1992).

spiegazione ancora è un equivoco «antielitarista», a cui sfugge la differenza tra le élite e le caste, soprattutto quando le seconde prevalgono e trascinano nelle loro indegnità tutto e tutti, spingendo a buttare l'acqua pulita assieme ai bambini sporchi (lo so, l'idea che i fallimenti di certe presunte élite non mettano in discussione l'elitismo somiglia molto alla tesi di quelli che dicevano che il fallimento del comunismo si dovesse alla sua mancata realizzazione, mentre il progetto era buono: ma la differenza è invece vistosa, in termini di successi storicamente dimostrati o no).

Alcuni commentatori propongono che il contrario dell'elitismo sia il «populismo», e si può dire in effetti che il populismo comprenda l'antielitismo. Ma nell'uso del termine populismo c'è anche un forte riferimento ai modi con cui il messaggio politico è trasmesso, principalmente attraverso la demagogia, ovvero l'assecondare (soprattutto a parole) le aspettative dei cittadini per ottenerne consenso, qualunque esse siano. Tanto è vero che oggi nel dibattito politico e giornalistico la parola populismo è usata spesso come sinonimo di demagogia. Ma un'altra accezione importante del termine populismo è quella che si riferisce all'esaltazione del mondo popolare e a tutto ciò che ne viene, in contrapposizione a ciò che è prodotto dalle élite. Quando gli esponenti politici di sinistra che hanno appena denunciato il «populismo» di Silvio Berlusconi dicono che bisogna imparare a recuperare il consenso, stare più a contatto col «territorio» e con la «gente», il loro è ugualmente populismo: che può anche essere una buona cosa (in teoria, in una democrazia, ciò che fa appello alla volontà di una maggioranza potrebbe essere buona cosa) a patto che il popolo sia informato, presupposto della democrazia.

Occhio che questo è lo snodo principale di tutti gli equivoci che si sviluppano intorno alle esaltazioni della democrazia, sincere o strumentali che siano. Una democrazia è un sistema di funzionamento delle comunità auspicabile, efficace e giusto perché consente che le opinioni e le scelte di tutti pesino, ma lo è solo se quelle opinioni e scelte sono informate, se nascono da dati sufficientemente completi e non falsi. Altrimenti è solo un sistema giusto, ma fallimentare e controproducente: una democrazia disinformata genera mostri maggiori di una dittatura illuminata, per dirla grossa. Funzionano bene le democrazie in cui i cittadini sono informati correttamente, e male quelle in cui non lo sono. Come diceva Goffredo Parise, «Credo nella pedagogia insieme alla democrazia, perché non c'è l'una senza l'altra».[6] Frequente nel populismo è invece l'appello alla volontà popolare coordinato con un investimento deliberato sulla disinformazione dei cittadini.

Per completezza: spesso in relazione a questi -ismi si parla anche di pluralismo, ovvero della condizio-

---

[6] Ho trovato la citazione in Antonio Pascale, *Qui dobbiamo fare qualcosa. Sì, ma cosa?*, cit.

ne tipica di molte società occidentali moderne in cui il potere non è concentrato ma diffuso in un ampio numero di luoghi e gruppi e comunità. Il pluralismo non è quindi in conflitto con l'elitismo, e anzi ne è complementare, nel senso che ho descritto finora.

Bene, fine della teoria politica enciclopedica. Torniamo ai giornalisti e ai politologi americani che si accorgono del successo popolare di Sarah Palin e dapprima lo trattano come un fenomeno politico e sociale interessante e anche curioso. C'è dentro abbastanza frivolezza e colore da esserne divertiti e affascinati, e da vendere parecchie copie in più: un'agguerrita giovane e seducente signora, un posto come l'Alaska, e un candidato che sembra piacere alla gente, e divertirne altra. Passata la sbornia, però, ci si comincia a chiedere cosa stia succedendo all'America e le categorie dell'elitismo e dell'antielitismo diventano centrali nella discussione politica sulla campagna elettorale. Mentre da destra la maggior parte dei commentatori soffia sul fuoco della «soccer mom» (le mamme dedicate ai loro figli a tempo pieno, che li accompagnano tra le altre cose agli allenamenti sportivi) in cui molte donne americane si riconoscono e che è rassicurante per molte altre, i meno faziosi si fanno venire dei dubbi.

Conor Clarke, sull'«Atlantic Monthly»:

Le familiari qualità di Sarah Palin vengono spacciate come una competenza valida sul piano elettorale e di governo: come ha scritto Bill Kristol sul «New York Times» dicendo che la scelta di una «mamma da supermercato» è stata accolta da molti elettori con un «era ora». Lo snobismo al contrario è il nuovo snobismo: e l'arma per vincere le elezioni e governare un paese è fingere di essere più qualsiasi possibile.

Mitch Albom, versatile scrittore e giornalista, sul quotidiano di Detroit:

> State a sentire, c'è un motivo per cui chiamiamo «l'uomo medio» così. Perché è medio. Qualunque. Se vuoi andare alla Casa Bianca, guidare il mondo libero, tenere le sorti della Terra nelle tue mani, non dovresti cercare di essere qualunque.

Thomas Friedman, il re degli opinionisti equilibrati, sul «New York Times»:

> Per favore, non votate per il candidato con cui berreste volentieri una birra (a meno che non vogliate sbronzarvi abbastanza da dimenticare il casino in cui ci siamo messi). Votate per quello che vorreste avere accanto quando dovrete chiedere alla banca un'estensione del mutuo.

A ottobre il pezzo di copertina di «Newsweek» su Sarah Palin è di Jon Meacham:

> Vogliamo dei leader che siano persone comuni, o vogliamo dei leader che capiscano le persone comuni? C'è una differenza enorme.

Infine David Brooks, columnist conservatore, ancora sul «New York Times»:

Il fastidio per gli intellettuali di sinistra è diventato un fastidio per le classi istruite nel loro complesso. I liberal avevano questo atteggiamento di superiorità, così i conservatori hanno sviluppato il loro antielitismo, con simmetrici luoghi comuni e simmetrici risentimenti, ma con lo stesso effetto velenoso.

Come sappiamo, John McCain ha poi perso le elezioni. C'è stata una lunga discussione sulla possibilità che il colpo Sarah Palin avesse rinculato, allontanando molti elettori più attenti ed esigenti dalla sua facioneria: ipotesi incoraggiante che lascia sperare – se fosse davvero andata così – che l'antielitismo non avesse ancora spappolato l'America: ma solo un anno dopo, con Obama in crisi di fiato ed entusiasmi, la riapparizione di Sarah Palin e di un suo nuovo libro ha ricompattato e rieccitato i suoi sostenitori e il confronto politico.

Nel 2010, alla vigilia delle elezioni di metà mandato, lo scontro era tornato di nuovo accesissimo e i commentatori politici analizzavano l'epiteto più usato dalle destre – i nuovi «Tea Parties», ma non solo – per accusare i liberal ma anche alcuni repubblicani non sufficientemente «qualunque»: elitista! Jacob Weisberg spiegava su «Newsweek» il paradosso per cui Carly Fiorina, candidata repubblicana ed ex amministratore delegato della Hewlett-Packard, si definiva «vittima dell'elitismo», e ricordava come John McCain avesse accusato di elitismo Barack Obama dimenticando di essere un milionario figlio e nipote di ammiragli che si rivolgeva a un figlio nero di ragazza madre che si era pagato da solo gli studi. In un altro articolo (sul «New York Observer»), Lee Siegel analizzava l'avvenuta identificazione delle élite sulla base di qualità culturali e non più politiche o sociali: un'invenzione della destra che aveva preso atto del potere della cultura e dell'informazione e invece che cercare di impossessarsene aveva scelto di demonizzarlo, complici le spocchie e le contraddizioni della sinistra.

La discussione prosegue tuttora e sarà centrale negli anni futuri: in Italia tarda a venire canonizzata e studiata,[7] ma di fatto esiste già. E gioca moltissimo sul doppio e diverso significato attribuito al termine «cultura»: parola che usiamo per riferirci sia a quello che siamo e siamo sempre stati che a quello che invece potremmo imparare e che saremo.

Nel 2008 alla fine – per molti diversi motivi – gli americani hanno eletto presidente un senatore che tutto sembra fuorché uno qualsiasi, e nessuno ricordava di averlo incontrato al supermercato. Per ora, l'America ha ancora una classe politica che è una classe politica: senza essere troppo chiusa al ricambio – come la storia di Obama dimostra – ma si tratta di un ricambio che avviene ancora prevalen-

---

[7] Anche per pavidità linguistiche e malintese correttezze politiche, come vedremo.

temente sulla base di criteri elitisti, non sostituendo colti esperti di governo con meteore del successo televisivo, brave persone trovate per strada, portieri del Milan o magistrati resi popolari dal curriculum di arresti procurati.

4

Democrazia, demagogia e lasagne

Mia figlia settenne un giorno è tornata da scuola con una fotocopia che mi ha consegnato: «È per la mensa». Era un foglio A4 con una grossa intestazione in caratteri maiuscoli.

REFERENDUM: LASAGNE SÌ, LASAGNE NO!

Il testo veniva dalla grande azienda del Comune di Milano che si occupa della ristorazione nelle scuole cittadine (ristorazione ripetutamente vituperata da bambini e genitori). Dopo il proclama con tanto di punto esclamativo, si spiegava che «nonostante i nostri dati rilevino che questo piatto è tra i più graditi dai bambini (gradimento al 77,87 per cento)» alcuni genitori avevano protestato per due[1] successivi ritrovamenti di «cotenna bovina» nelle suddette lasagne, nel 2009 e nel 2010 (una roba pelosa, ho saputo poi). «Vogliamo sottolineare che nella preparazione

---

[1] I casi erano sette, in realtà.

delle lasagne può accadere che una piccola parte di cotenna sfugga anche ai controlli più attenti e puntuali,
perché non esistono dispositivi capaci di rilevare tali
elementi.» «Va sottolineato comunque che, fatto salvo
la sgradevolezza del fatto, tutto ciò è assolutamente irrilevante dal punto di vista igienico-sanitario».

Alla luce di quanto esposto, quindi vorremmo pregarvi di esprimere il
vostro parere in merito, al fine di poter prendere una decisione sulla
questione

SE **VOLETE** ELIMINARE LE   SE **NON VOLETE** ELIMINARE
LASAGNE BARRATE QUI   LE LASAGNE BARRATE QUI

GRAZIE PER LA VOSTRA COLLABORAZIONE:
(SI PREGA DI NON PIEGARE IL FOGLIO E RESTITUIRE ALLA
SCUOLA ENTRO L'01/04/2010)

Ho ripiegato il foglio. La mia prima curiosità è andata
al percorso, alla mia ignoranza sconosciuto, compiuto
dalla cotenna bovina per arrivare nel piatto di lasagne
di mia figlia: roba di ragù, immagino. Ma il pensiero
che ha preso il sopravvento è stato un altro: un referendum sulle lasagne? Una società alimentare pubblica che rimanda agli utenti la responsabilità di decidere cosa sia saggio dar da mangiare ai propri bambini,
malgrado la società sostenga di avere dati sicuri sulla
rarità dell'evento, sulla sua irrilevanza, e sul fatto che

i bambini siano soddisfatti («77,87 per cento»)? La democrazia diretta applicata alle lasagne? Che affidabilità possono avere organismi rappresentativi (la società è del Comune) a cui abbiamo dato deleghe specifiche e che piuttosto che fare una scelta di qualunque tipo restituiscono quella delega?

Voi direte, vabbè, calmati: trattasi di lasagne. E infatti ho messo il foglio in un cassetto e me ne sono dimenticato, delle lasagne (ho poi saputo che ha votato la metà degli aventi diritto, e che hanno vinto le lasagne col 62,7 per cento di voti favorevoli). Ma è dalle lasagne che partono la perdita di ruolo e responsabilità degli organismi deputati a difendere la nostra vita quotidiana, e la simmetrica invadente richiesta di democrazia diretta. Se le classi dirigenti sono fatte di persone «come noi» e la loro unica impostazione è la demagogia, è chiaro che da una parte ci chiederanno di scegliere (sulle fesserie) e dall'altra noi pretenderemo sempre più di scegliere: siamo come loro. E quindi raccolte di firme, referendum, pretese di supplenza dei rappresentanti che noi stessi abbiamo scelto ma che non consideriamo all'altezza.

Nell'antielitismo siamo diventati un paese all'avanguardia e solo gli Stati Uniti stanno al passo con noi (soprattutto grazie allo scatto di Sarah Palin, che sennò ce li eravamo bevuti). In Italia il presidente del Consiglio più votato e longevo degli ultimi vent'anni è un signore che – trascuriamo per il momento la valutazione delle sue eventuali capacità politiche accessorie – ha ottenuto voti e consenso sulla base del fatto che è partito dal nulla, ha guadagnato un sacco di soldi ed è simpatico e di modi e battute spicci. Non ha niente dell'intellettuale, non ha niente del colto, non aveva nessuna esperienza politica. Ha – per i suoi fan – qualità umane ed esibito buonsenso. Non risulta sia esperto di niente: qualche volta – come quando provocò le dimissioni di Zoff – ha manifestato una pretesa competenza di calcio, altrimenti esprime giudizi e interesse soprattutto verso le donne. Soldi, calcio e donne: di questo si occupa, come la maggioranza dei maschi italiani. Tutto il paese lo chiama per nome di battesimo, e lui è bravissimo esattamente nello spacciarsi per italiano medio e guadagnare indulgenti simpatie ovunque vada. Fa le corna nelle fotografie di gruppo, racconta barzellette. Non fa niente per farci pensare di «essere migliore di noi», anzi.

Ma una rondine non fa primavera, e voi direte che Berlusconi non è semplicemente «una persona qualunque» diventata capo dell'Italia ma rappresenta un caso ben più singolare e complesso. E allora guardiamo il resto del panorama politico. I partiti di Berlusconi hanno portato in parlamento una ricca schiera di persone qualunque, di quelle da incontrare al bar o andare a farsi una birra: curriculum politici inesistenti, sorrisoni e pacche e strette di mano. Persone qualunque con l'attrattiva supplementare di avere avuto successo in campi accessibili e frequentati: in pubblicità o in palinsesti nazionalpopolari, facendo gli avvocati, i piazzisti o le veline. Una è diventata consigliere regionale per avere curato i denti di Silvio Berlusconi, a un certo punto, ed è stata poi accusata di gestire le sue feste poco edificanti. Per chi invece è irritabile e invidioso di questi successi da parvenu, c'è l'offerta della Lega, che ha una sua coerenza: del sentimento «antipolitico» e anti-cultura la Lega ha fatto uno dei suoi cardini, e ha fatto eleggere centinaia di persone della porta accanto, molte delle quali hanno portato il loro essere «ordinarie» alle estreme conseguenze: esibendo ignoranza, aggressività, prepotenza come doti riconoscibili e condivise dai loro elettori. Dal 2009, poi, il populismo antielitista ha trovato il suo campione e la sua perfetta declinazione nella figura del ministro Renato Brunetta, che da qualche anno andava costruendosi questo ruolo con grande spontaneità.

«Radical-chic, sinistra al caviale: mi fanno un baffo. Certo, un tempo ci soffrivo. Poi ho imparato ad accettarmi. Sono orgoglioso di essere figlio di gente povera. Figlio della Venezia popolare. Ha presente Thomas Mann e Visconti? La Venezia letteraria, crepuscolare? Ecco, tutto il contrario. Da bambino andavo a vedere i *siori* che mangiavano il gelato a San Marco. Soldi per i gelati io non ne avevo. Andavo a pescare i granchietti e le anguelle, quei pesciolini trasparenti, da fare fritti. E andavo a lavorare con mio padre.» Venditore ambulante di protesi, è stato scritto. «Ma quali protesi. Gondoete.» Prego? «Gondole di plastica nera. Vetri di Murano. Souvenir. Avevamo una bancarella in lista di Spagna, accanto alla stazione. E lì, sui marciapiedi di Cannaregio, ho imparato tutto. Il lavoro, il sacrificio. Conoscere la gente, parlarci [...] Vivevamo in nove in novanta metri quadri, con i miei due fratelli, mia zia vedova e i suoi tre figli. In affitto tutta la vita.»[2]

Ci sarebbe dentro già tutto, un manifesto politico: il disgusto per la «sinistra al caviale», l'orgoglio delle radici povere in quanto tali, la presa di distanza dalla grande letteratura, l'invidia per i *siori*, la retorica del lavoro presunto «vero» e della «gente», la rivendicazione di modestia economica, la zia vedova. Ma il repertorio di anti-intellettualismo di Brunetta si è arricchito nel 2009 di ulteriori interventi:

«Roberto Rossellini aveva il braccino teso e poi il pugno chiuso, prima si faceva dare i soldi dal regime e poi ha cambiato idea.»
«Parassiti, gente che ha preso tanti soldi e ha incassato poco al botteghino. Gente che non ha mai lavorato per il bene del paese, anzi, gente che non ha mai lavorato. Andate a lavorare. Confrontatevi con il mercato. Questo è un pezzo d'Italia molto rappresentata, molto placida. Questa è l'Italia leggermente schifosa» (parlando dei registi e del cinema italiano al Festival di Venezia: la battuta è riferita in particolare a Michele Placido).

---

[2] Da un'intervista di Aldo Cazzullo sul «Corriere della Sera», 15 giugno 2008.

«È un popolo minoritario che ha tanta forza e tanto tempo per farsi rappresentare in maniera potente. È l'Italia peggiore, l'Italia sporca. Noi siamo gli eversori di questo ordine di cose, siamo gli smontatori di questa Italia radical-chic, di questa borghesia autoreferenziale di merda.»
«La povera sinistra sarebbe nata con altri scopi e invece si fa condizionare da un'élite di merda.»
«I parassiti degli enti lirici, i finti orchestrali, i cantanti, tutti quelli che erano abituati che a pagare era Pantalone.»
«L'autoreferenzialità intellettualistica, specie se fatta coi soldi di Pantalone, mi dà l'orticaria.»
«Ci sono élite irresponsabili che stanno preparando un vero e proprio colpo di Stato.»
«Sono un uomo del popolo e penso che il potere sia nel popolo. Per questo quando vedo questi conati salottieri non mi preoccupo più di tanto.»

Brunetta è diverso da Sarah Palin. Per quanto rivendichi la sua matrice «popolare», delle élite fa solidamente parte, così come del mondo della cultura e delle classi dirigenti italiane. È un intellettuale (rivendicando poi lui stesso di essere «di sinistra», si tratterebbe quindi di un intellettuale di sinistra). Lui direbbe che infatti il suo attacco è rivolto a «certe» élite, a «certa» cultura, a «certi» intellettuali. Ma è indubbio che nel suo messaggio ci sia invece una strategia demagogica che ignora queste distinzioni e mira a sovreccitare chi queste distinzioni non le fa per niente: populismo puro, che sottrae alla natura positiva del popolo solo quelle classi di statali «fannulloni» che dentro questa impostazione comunicativa sono più utili se identificati come emanazione dei soprusi dello Stato centrale che come brava gente semplice. Brunetta non è «uno qualunque», e ha competenze e precedenti da vendere: ma preferisce rappresentarsi come figlio di venditori ambulanti arrivato tra i *siori* a fare il castigamatti in nome di tutti noi oppressi ignoranti.

Il centrodestra italiano è quindi imbottito di antielitisti a parole o di fatto. Il 10 ottobre 2008 «la Repubblica» ha intervistato il senatore Guido Paravia, coautore col senatore Angelo Maria Cicolani di un emendamento al decreto varato per il salvataggio di Alitalia. L'emendamento aveva l'intenzione di «proteggere» il commissario Augusto Fantozzi, ma si era purtroppo rivelato utile a esimere dalle loro responsabilità anche i manager di ogni crack finanziario nazionale. Messo al cospetto della sua dabbenaggine Paravia si giustificava così: «Ero del tutto inconsapevole dell'estensione di questi benefici. Io faccio l'industriale, non il giurista. E il collega Cicolani è ingegnere».[3]

---

[3] Alla fine del 2010 il governo Berlusconi superò vittoriosamente un voto di sfiducia che pareva potesse essere il suo precoce funerale grazie a un vantaggio di appena tre voti sopraggiunti con piccoli mercanteggiamenti degli ultimi giorni che portarono alla ribalta alcuni parlamentari che nessun italiano aveva mai sentito nominare. Quei parlamentari – sotto i riflettori per diversi giorni – si rivelarono le persone più «normali» che si potessero immaginare, sia rispetto alle loro competenze (ne avevano, ma altre), sia rispetto alle loro incompetenze, sia rispetto alle loro debolezze. Il loro cambiare partito e rinnegare cose dette a distanza di pochi giorni fu additato alla deplorazione dei cittadini che li avevano consapevolmente votati,

Ma si sono candidati al parlamento e sono stati eletti.

Proseguiamo. Dall'altra parte c'è Antonio Di Pietro, che si è guadagnato notorietà ordinando arresti, e ulteriori consensi guidando il trattore e parlando un italiano indipendente, come quello di molti dei suoi compatrioti. Dentro il Partito democratico, impermeabili a ogni cambiamento sia buono sia cattivo, hanno fatto pochi pallidi tentativi di adesione a questa tendenza: anche se Piero Fassino è andato in tv a reincontrare la sua tata da Maria De Filippi. Ma quando Livia Turco, sempre in tv, ha dichiarato fiera di non sapere chi fosse il fotografo scandalistico e star dei rotocalchi Fabrizio Corona, ha ricevuto più critiche che per qualunque iniziativa politica della sua carriera: «lontana dal paese reale, vergogna!». Perché l'effetto collaterale della passione per le «persone normali» è un populismo anti-intellettuale che condanna come lontananza dai cittadini ogni presa di distanza dai fenomeni diffusi e di successo, per quanto deteriori essi siano. «Stare sul territorio», si è ricominciato a dire, come formula per invertire lo spostamento a destra di fasce di elettori tradizionalmente rappresentati dalla sinistra. Ma stare sul territorio non può significare accogliere e soddisfare ogni bisogno degli elettori, persino quelli

---

anche da parte dei leader che li avevano consapevolmente candidati. Ma erano solo persone normali.

inaccettabili. Non sarà scoprendo che una parte di italiani vuole cacciare gli stranieri e trovando quindi il modo per cacciarli che si farà una buona politica: «stare sul territorio» – attività di comprensione dei bisogni e ricerca di soluzioni creative e proficue – è diventato un sinonimo di demagogia: invece di starci per modificarlo e migliorarlo, il territorio, pare si debba starci per mimetizzarcisi: «Non *capire* la gente, ma *essere* la gente».

Intervistato dal «Corriere della Sera» all'inizio del 2011 sul successo del suo programma radiofonico in cui coinvolgeva i politici ospiti in conversazioni più frivole e leggere, il giornalista Claudio Sabelli Fioretti ha detto di pensare che far raccontare loro delle barzellette potesse far parte di «un percorso di avvicinamento alla gente» e che «c'è una perfetta corrispondenza tra eletti ed elettori». Concludendo «Non so se sia un bene o un male».

Se la società degli umani seguisse i criteri dei politici, avremmo dentisti che trapanano radiatori e meccanici che scalpellano carie, parrucchieri che insegnano procedura penale e magistrati che fanno la messa in piega. Sarebbe un mondo elettrico ed estemporaneo.

Massimo Gramellini, «La Stampa», 1° ottobre 2008

Come è successo tutto questo? Un po' alla volta. Gli italiani non sono peggiori oggi di come erano un tempo. Né si deve risolverla limitandosi a dire che il popolo sarebbe bue, a meno di non depurare questo giudizio da ogni sospetto di presunzione intellettuale affermando quindi che siamo tutti popolo, e tutti buoi: e questo è abbastanza vero, ma lo è sempre stato.[4] Invece qualcosa è cambiato. Il cambiamento vero riguarda le classi e i soggetti storicamente e spesso ingiustamente privilegiati, storicamente «illuminati» e storicamente investiti dall'obbligo di essere modello per gli altri. Venivano inevitabilmente dalle classi colte – colte quasi sempre per loro fortuna ed eredità – quelli che hanno guidato i progressi civili, culturali e scientifici del genere umano e delle nazioni democratiche; la loro educazione li aveva responsabilizzati sul loro ruolo: «Da grandi poteri derivano grandi responsabilità». Sono stati gli intellettuali, i politici, i leader

---

[4] «Bisogna quindi voler rischiare l'accusa di elitarismo e dire che i partecipanti passivi alle elezioni sono spesso dei gonzi, e che quelli che conducono il gioco sono in genere i veri elitari» denuncia Cristopher Hitchens in *Consigli a un giovane ribelle* (Einaudi, Torino 2008). C'è infatti una ipocrita reticenza demagogica a dichiarare che il tasso bovino tra di noi è congenitamente molto alto – sempre animali siamo – e costantemente in crescita grazie alle pratiche diseducative o alle viltà delle classi dirigenti. Direttori dei giornali e conduttori televisivi dicono in giro che le mediocrità che propongono sono «ciò che il pubblico vuole». Però tutti sostengono che «la gente non è stupida», malgrado metà di noi faccia continuamente cose giudicate idiote dall'altra metà e viceversa. Possiamo dare i giudizi più tranchant e presuntuosi su qualunque cosa, ma siamo terrorizzati – per spocchia anti-intellettuale – dall'accusa di spocchia intellettuale. «Alla gente piace il sanguinaccio, la gente è stupida» diceva Bill Murray in *Ricomincio da capo*, l'unico sincero. No, non l'unico: «Il migliore argomento contro la democrazia è una conversazione di cinque minuti con l'elettore medio» (Winston Churchill).

del passato a guidare noi popoli verso il progresso, a modellare i nostri valori e definire e insegnare le cose che riteniamo giuste. A giungere a una condivisione su cosa fosse auspicabile e cosa sbagliato e a trasmettere questi sentimenti agli altri: ovvero persone che invece non avevano avuto le fortune e i privilegi dei loro simili nelle classi dirigenti e che meritavano una qualche forma di compensazione riuscendo a diventare a loro volta modelli e leader.

Non ci piace sentircelo dire, ci sembra ingiusto e ci si prepara in gola la frase «si credono migliori degli altri». Ma la domanda è: lo sono? Ci sono persone che rispetto a determinati criteri sono migliori di altre, o no? O sì e non si può dire?

Gli italiani del passato non erano migliori di quelli di oggi. Ma le élite avevano insegnato loro ad avere vergogna dei propri difetti, delle proprie meschinità, delle proprie cattiverie. O almeno a considerarli sbagliati. Gli avevano insegnato che c'era il giusto e lo sbagliato (con molti dubbi in mezzo, ma anche diverse certezze), e se anche razzolavano male conoscevano le buone prediche.

Oggi non lo insegna più nessuno. Lo sbagliato è stato sdoganato. La mediocrità non conosce vergogna né sanzione, anzi, è sovente premiata. In Italia le classi e le persone deputate a essere modello per gli altri se la sono data a gambe, quando non hanno a loro volta preso a modello le mediocrità più comuni. I leader politici eletti non sono più persone «migliori di noi» (e votate per questo), ma uguali a noi (e se ne fanno un vanto), o persino peggiori di noi (con nostro compiacimento e rassicurazione). Se un tempo desiderare il male altrui era sanzionato da un sistema di valori trasmesso dalla cultura nazionale, oggi alcuni dei pensatori e leader di riferimento persino li promuovono, l'egoismo e il desiderio del male altrui. La mediocrità. La conservazione del peggio.

Non parlo solo della politica, sarebbe facile e già ci pensano in molti. Parlo dei giornalisti, degli intellettuali, di chi usa la televisione, degli scrittori. Di tutti quelli che parlano agli altri. Persino di certi insegnanti. Di tutti coloro che nel loro ruolo hanno il potere di stabilire modelli, e stabiliscono modelli pessimi. Facendo politica vanitosa, giornalismo mediocre, televisione insulsa, offrendo esempi vili e avidi. Per quanto voi vi crediate assolti, come diceva De André.

Quello che è successo – assieme ad altri cambiamenti che riguardano tutto il mondo e anche il rapporto con noi stessi e la nostra insicurezza pubblica e privata: ne parlo più avanti – è che coloro a cui attribuivamo con minore o maggiore convinzione una più qualificata capacità di occuparsi dei destini nostri e dell'Italia e che per questo votavamo ed eleggevamo a nostri rappresentanti hanno progressivamente fatto di tutto per deludere questo investimento. Dall'Unità d'Italia in poi, retaggi di vecchi sistemi di potere mai cresciuti in senso democratico e di gestioni mafiose e traffichine delle cose pubbliche sono andati radicandosi sempre di più nelle amministrazioni e sono spettacolarmente traboccati negli anni cosiddetti di Tangentopoli: quando ci siamo accorti che forse erano sì più capaci e competenti di noi, ma non c'era da fidarsi. Miravano a fregarci.[5] La priorità è allora diventata un'altra, rispetto al riconoscimento delle competenze politiche e amministrative: è diventata poterci fidare, poter riconoscere meglio il potenziale inganno, ed evitare che quelli che eleggevamo fossero una classe lontana ed estranea che curava i propri interessi e il proprio potere anche quando sapeva badare almeno in parte a quelli del paese. Ci siamo buttati su quelli che conoscevamo, che erano come noi, che ci pareva di poter tenere d'occhio o almeno che sapevamo capire e leggere meglio anche nelle loro bassezze e inadeguatezze.[6] Votavamo per persone che

---

[5] C'è una lettura opposta e col senno di poi sintetizzata da Piero Ignazi: «Per quanto fossero corrotti e autoreferenziali avevano però tutti un impianto culturale solido e avevano assimilato, volenti o nolenti, i principi fondamentali della democrazia parlamentare. La loro scomparsa e l'irruzione degli Hyksos leghisti e forzitalioti hanno messo in tensione il sistema istituzionale» (Piero Ignazi, *La fattoria degli italiani*, Rizzoli, Milano 2009).

[6] «[Dopo Tangentopoli] mancò l'occasione, forse irripetibile, di proporre una riconoscibile e netta inversione di tendenza, caratterizzata in primo luogo dalla trasparenza delle scelte e degli orientamenti, dal privilegiamento del merito e delle competenze, e così via. Dalla capacità cioè di proporre un modo diverso di "essere italiani", su tutti i terreni. "L'Italia che noi

credevamo migliori di noi, siamo passati a votare per persone che ci sembrano uguali a noi, quando non addirittura peggiori. È andata a finire che oggi i nostri rappresentanti si chiamano così perché chiediamo loro non di rappresentare i nostri sogni e bisogni, ma di raffigurare i nostri difetti. Ci «rappresentano». «Non temo Berlusconi in sé, ma Berlusconi in me», è la famosa geniale considerazione di Giorgio Gaber. E se qualcuno prova a ricostruire un discorso e una politica basati su progetti pedagogici piuttosto che demagogici gli vengono scaricate addosso con ignominia e violenza le devastanti accuse di elitarismo, presunzione intellettuale e superiorità morale.[7] E a quel punto ha chiuso.

Nel 2009 è uscito un libro molto bello in cui Oreste Pivetta ha raccolto in forma di lunga intervista i pensieri di Goffredo Fofi sullo stato dell'Italia e sulla sua storia recente.[8] Fofi usa efficacemente la formula «minoranze etiche» per definire qualcosa che

---

vogliamo" o "rifare l'Italia" sono rimasti slogan vuoti e disattesi. Immediatamente dimenticati dopo le campagne elettorali, e incapaci persino di caratterizzarle in profondità» (Guido Crainz, *La cultura dell'illegalità*, «la Repubblica», 4 marzo 2010).

[7] «Il modernissimo problema di ogni partito progressista è come non essere percepito come elitario, giacobino e iperrazionale, senza per questo diventare populista o vacuamente retorico» (Pierluigi Bersani, «Il Sole 24 Ore», 13 settembre 2009).

[8] Goffredo Fofi, *La vocazione minoritaria. Intervista sulle minoranze*, a cura di Oreste Pivetta, Laterza, Roma-Bari 2009.

somiglia alle élite che cerco di immaginare qui e per distinguerle da quelle che le hanno sostituite e dalle loro inadeguatezze. Dice Fofi che gli intellettuali sono oggi «divisi in caste, sottocaste e lobby, alle quali tutto può interessare tranne che mettere a repentaglio i propri privilegi – di nascita e di collocazione sociale conquistata – per sostenere concretamente la causa degli oppressi [Fofi aggiorna la categoria degli oppressi citando gli "oppressi della coscienza, tutte le persone che vivono in una condizione di anomia morale o di servitù materiale": ma potete anche vedere l'Italia e le sue condizioni come l'oppresso in questione, *N.d.A.*]. E con "intellettuali" intendo anche i grandi pensatori che sanno interpretare i cambiamenti e aiutarci a reagire, indicare le strade possibili dell'intervento singolo e collettivo. Pochissimi lo fanno, per lo meno nel mondo occidentale dove il privilegio è assoluto». Fofi continua così: «Rompere questi meccanismi, di cui l'università offre un esempio, dovrebbe essere uno dei compiti delle minoranze etiche. Queste minoranze hanno una storia e hanno dei compiti che cambiano secondo le varie epoche».

Andando dietro a questi pensieri, si rischia di arrivare sbadatamente a concludere che sia la democrazia la radice di questo percorso inesorabile. Fino a che la democrazia era giovane e incompiuta, se ne mediavano le richieste con oligarchici interventi correttivi. I leader politici si caricavano di un ruolo di indirizzo dei bisogni di tutti: come dice Beppe Severgnini,[9] si chiamano «leader» per qualche ragione: se avessero dovuto seguire quello che gli elettori chiedevano loro si sarebbero chiamati «follower». Si provava a «fare cultura» in tv, si cercava di costruire politiche illuminate e impopolari, si chiamava «missione» quella del giornalismo eccetera.

Poi la democrazia – e la sua forma mercato – hanno prevalso (in altri paesi, i limiti e i principi sono stati scritti più solidamente che da noi, e resistono meglio, ma a fatica): e ora si offre solo quello di cui c'è domanda prevalente, per farsi eleggere, per fare share, per vendere giornali. O anche semplicemente per farsi adulare e apprezzare: bassa demagogia, trionfo delle vanità immediate. Nessuno vuole più essere *ricordato*. *Ammirato*, subito. Però no. Non dobbiamo concludere, andando dietro a questi pensieri, che la democrazia sia la ragione del disastro perché genera un meccanismo del consenso e rende i follower padroni dei leader. La democrazia come la apprezziamo è una cosa diversa da quella che viene predicata da molti suoi presunti protettori: conosce limitazioni e contromisure sagge contro l'abuso delle maggioranze e dei voleri popolari, che

---

[9] Beppe Severgnini, *La pancia degli Italiani*, Rizzoli, Milano 2010.

bilanciano «la storica, fisiologica propensione della democrazia a fare della medietà un valore». La nostra stessa Costituzione limita l'uso dei referendum, prevede maggioranze qualificate, «contiene» gli abusi di democrazia. Ma tutto questo è cambiato, in Italia, e non funziona più. Era una democrazia, è diventata una demagogia.

> La domanda se l'opinione pubblica, indipendentemente dalla sua composizione e dal suo orientamento, sia sempre da rispettare e obbedire non può che ammettere un'unica ragionevole risposta. La teoria secondo la quale «la voce del popolo è la voce di Dio» può essere accettata soltanto con forti riserve, poiché la pubblica opinione è un'entità variabile, che spesso, come afferma Jefferson, «cambia alla velocità del pensiero», e che dunque non può aver sempre ragione. Era forse «la voce del popolo, voce di Dio» a sostenere la schiavitù umana in una Repubblica votata alla libertà? È lampante che spesso il sommo dovere della stampa è contrastare l'opinione pubblica. James Bryce ha veridicamente affermato che «le democrazie avranno sempre demagoghi pronti ad alimentare le vanità, a solleticare le passioni e a enfatizzare i sentimenti del momento. Ciò di cui hanno bisogno sono uomini capaci di nuotare controcorrente, di denunciare gli errori commessi, di insistere con maggior forza su un problema quanto più risulta sgradito.
>
> Joseph Pulitzer, *Sul giornalismo*[10]

---

[10] Joseph Pulitzer, *Sul giornalismo*, Bollati Boringhieri, Torino 2009.

Ancora qualche parola sull'elitismo, e sulle difficoltà a discuterne, forse insormontabili. Molti autori americani sostengono che la grande dicotomia nella politica occidentale degli ultimi secoli è quella tra l'elitismo e l'egualitarismo. Il modo migliore per illustrarla e per mostrare subito come l'argomento sia spinosissimo è incollare insieme in una sola frase quello che scrissero William Henry III, un autore liberal di pensiero piuttosto indipendente, nel suo libro *In Defense of Elitism* del 1994 (l'ho comprato su eBay, non si trova più, significativamente), e il commentatore conservatore Jonah Goldberg, in un articolo del 2002.

> Certe cose sono migliori di altre. Certe culture sono migliori di altre. Certe cose sono più degne di essere studiate, celebrate e prese a modello di altre. Portare un uomo sulla luna non ha lo stesso valore di mettersi un osso nel naso.

Brrrr. Brividi, no? La superiorità delle culture, aiuto. La superiorità delle persone, poi. Un giorno ho provato a incollare queste parole nel social network intimo che frequento per vedere le reazioni. *Brrr*. Però dopo il *brr*, poco a poco, la discussione si è approfondita. Abbiamo capito che stabilire che certi risultati siano migliori di altri non sminuisce gli altri: quello che vince la medaglia d'oro dei cento metri è migliore degli altri, ma il secondo e il terzo sono grandissimi, per non parlare degli altri. E quindi molto di quel *brrr* deriva dalla fastidiosa implicazione che se qualcuno o qualcosa è «migliore», gli altri sarebbero «peggiori». E deriva da un'erronea estensione assoluta della soggettività del giudizio: come se ogni cosa potesse essere questione di gusti, persino la valutazione se sia più importante, migliore, un progetto che porti un uomo sulla luna o uno che lo renda in grado di intrecciare dei cestini di vimini. Persino la comprensione di cosa sia giusto e cosa sbagliato: questione di gusti.

C'è un'altra confusione: tendiamo a temere che una condivisione dell'idea che ci siano progetti, risultati, persone migliori rispetto a determinati obiettivi, comporti anche l'obbligo di una condivisione su quali siano questi progetti, risultati, persone migliori, e che rischino di non essere i nostri: come quando non si accetta la gara per paura di perderla. Invece è esattamente qui che interviene il dibattito, il confronto tra opinioni, la battaglia politica in cui la vittoria delle idee migliori e più efficaci è esattamente auspicabile: il disastro si verifica quando si pretende di eludere il campo di discussione, di rimuovere l'eventualità che certe idee siano migliori di altre e certe persone più degne di metterle in pratica. E i criteri diventano altri, che niente hanno a che fare con la qualità e l'efficacia.

Mettiamola così: ve la sentite di dire che Tony Blair è migliore di Lamberto Dini, o che Lamberto Dini è migliore di Tony Blair, quando si tratti di governare una democrazia? O che uno è migliore tra Silvio Berlusconi e Barack Obama? Se avete risposto di sì, qualunque sia la risposta, vuol dire che la renitenza a definire alcune persone migliori di altre ha a che fare con un pudore nei confronti di chi riceverebbe la patente di «peggiore» (pudore che non sussiste quando il peggiore ha le spalle larghe abbastanza da non scatenare alcuna compassione, come in questo secondo esempio). Se avete risposto no, perché direste «più adatto» e non «migliore», la questione è meramente linguistica: una correttezza politica, anche legittima se volete, ma sulla sostanza siete d'accordo. Siete degli elitisti.

5

Un giovane alto e sottile

Piero Gobetti era nato a Torino nel 1901. Wikipedia lo definisce «un giornalista, politico e antifascista italiano» e cita la descrizione che ne fece Carlo Levi:

> Era un giovane alto e sottile, disdegnava l'eleganza della persona, portava occhiali a stanghetta, da modesto studioso: i lunghi capelli arruffati dai riflessi rossi gli ombreggiavano la fronte.

Conobbe e fu allievo di Luigi Einaudi, Giuseppe Prezzolini e Gaetano Salvemini. Nomi che molti di voi – non vi preoccupate, è normale – conoscono per memorie scolastiche o perché c'è una via col loro nome, in città. Erano uno storico, uno scrittore e un economista, e se sapete chi era cosa potete già essere abbastanza soddisfatti di voi stessi. Ma in ogni caso, sono persone col nome su una via (voi avete avuto insegnanti col nome su una via? Io nessuno, e non lo vedo probabile nella toponomastica futura). Gobetti fondò giornali e collaborò ad altri giornali, fece politica, aprì una casa editrice. Lavorò per quella che chiamava «una rivoluzione liberale» in Italia. Fu arrestato e perseguitato dai fascisti. Su ordine diretto di Mussolini venne picchiato diverse volte. Fondò un'altra rivista a cui collaborarono Benedetto Croce ed Eugenio Montale (viale Benedetto Croce, largo Eugenio Montale). Scrisse:

> Bisogna amare l'Italia con orgoglio di europei e con l'austera passione dell'esule in patria per capire con quale serena tristezza e inesorabile volontà di sacrificio noi viviamo nella presente realtà fascista sicuri di non cedere e indifferenti a qualunque specie di consolazione. [...] Ma esiste in Italia un gruppo di uomini nei partiti e fuori dei partiti, gente che non ha ceduto e non cederà. Comunque, anche se pochi, rimarranno come un esempio per la classe politica di domani. [...] Sono minoranza, numericamente, ma incutono rispetto anche al più agguerrito nemico. Tra le illusioni universali il cervello di questi uomini funziona, la folla e il successo non hanno prestigio sulla loro volontà di dirittura, sul loro animo non servile. [...] Nella nostra lotta lasciate che rifiutiamo ogni alleanza straniera: le nostre malattie e le nostre crisi di coscienza non possiamo curarle che noi. Dobbiamo trovare da soli la nostra giustizia. E questa è la nostra dignità di antifascisti: per essere europei dobbiamo su questo argomento sembrare, comunque la parola ci disgusti, nazionalisti.[1]

---

[1] Piero Gobetti, *Lettera a Parigi*, «La Rivoluzione liberale», 18 ottobre 1925.

«Dobbiamo sembrare, comunque la parola ci disgusti, nazionalisti.» Impressionante, no? Gobetti aveva lo stesso problema che abbiamo noi oggi, quello di cui stiamo parlando in questo libro, nel 1924. Aveva il problema di trovare una parola per dire il suo orgoglio personale e di italiano: lui cercava di aiutarsi con l'Europa e con la fiducia in se stesso. Noi abbiamo bollito anche l'Europa, e quindi cosa ci resta? Bravi. Ci torneremo. I fascisti chiudono il giornale di Gobetti, che nel frattempo si era ammalato di cuore. Con grande riluttanza, decide di partire per Parigi. Cinque giorni dopo muore per una bronchite.

La storia di Gobetti, che ho malamente abbozzato, vale la pena di essere conosciuta per molte ragioni. Ma io qui ne ho una molto spicciola e concreta, che spiega come mai l'ho raccontata come un elenco affastellato, e che necessita di un'ultima rilevantissima informazione. Quando Gobetti muore a Parigi, dopo una vita di frenetiche iniziative e di intensissime battaglie politiche e intellettuali, è il 1926: non ha ancora compiuto venticinque anni.

Adesso, so cosa pensate. Sto cercando banalmente di dire – a voi e a me stesso – «vedi, lui?», come fanno certe mamme indicando il figlio primo della classe e ammodino della signora Merloni, quella della casa di fronte. In questo caso il figlio della signora Gobetti. Ma state tranquilli. Non mi sfugge la straordinarietà della vita e dell'esperienza di Piero

Gobetti, e la sua inimitabilità. Però mi interessano gli esempi, i modelli, e mi interessa la disposizione appassionata a cambiare il mondo e l'Italia. E mi interessano le motivazioni che spingono un ragazzo non ancora ventenne a dedicare se stesso, la propria vita, ogni sua energia, a costruire il suo paese, a combattere una dittatura, e a farlo producendo un pensiero e un dibattito collettivo. Cercando di capire le cose. E naturalmente, questo sì, mi interessa provare a comprendere come mai oggi queste motivazioni manchino («vedi, lui?»). Perché l'Italia del 2011 è in una condizione che assomiglia molto – in circostanze completamente diverse – a quella descritta dalle parole di Gobetti: la sua lettera è dedicata ai «dubbi sulla civiltà italiana».

Questi dubbi esistono ancora, anzi sarebbe giusto dire che esistono di nuovo: la questione posta da D'Azeglio, come abbiamo detto, è sopravvissuta per un secolo e mezzo, ma ci sono momenti in cui è sembrata risolta, o marginale. L'Italia era fatta, gli italiani pure. Avevamo altri pensieri, o credevamo fossero altri. Oggi ci si chiede di fatto questo: esiste una «civiltà italiana» in grado di dare un'identità nazionale – «comunque la parola ci disgusti» – a quelli che vivono o sono nati in questo pezzaccio di terra appesa ad asciugare in mezzo al mare? Esiste qualcuno che possa promuoverla e farla crescere (saremo venti, o duecento, scriveva Gobetti: ma

ci siamo, e agguerriti)? Come è fatto? Cosa lo motiva, ma soprattutto: cosa non motiva tutti gli altri?
Gobetti ebbe dalla sua due fattori «ambientali» es-
senziali nella costruzione della sua coscienza e del suo
impegno: visse in un tempo in cui le richieste di maturità e responsabilità erano molto più alte e precoci
per tutti, ed ebbe dei maestri straordinari. Il primo
fattore è irripetibile oggi. Niente e nessuno suggerisce
più ai giovani di costruire qualcosa di grande, impe-
gnato, generoso, per sé o per gli altri. Non ci sono
più richieste esplicite, né consuetudini implicite. Un
misto di insicurezza, pigrizia e disincanto orienta le
nostre scelte fino a ben oltre l'età in cui Gobetti esaurì
pienamente il suo tempo. È possibile cercare di mo-
dificare questo contesto, ed è giusto farlo? Sono due
domande diverse. Io credo che sia molto difficile, ma
che ci si debba provare, remando chi può controcorrente. È un lavoro di educazione e insegnamento, in
cui le responsabilità sono molto diffuse, perché disincanto, insicurezza e pigrizia non sono attributi soltanto della giovinezza. Alessandro Baricco ha abbozzato
un ragionamento, nei *Barbari*, sul ruolo della scuola e
della televisione. Poi ci è tornato, in un lungo articolo
su «Repubblica»[2] che si apriva proponendo di tagliare le sovvenzioni pubbliche alla cultura per destinarle

---

[2] Alessandro Baricco, *Basta soldi pubblici al teatro. Meglio puntare su scuola e tv*, «la Repubblica», 24 febbraio 2009.

a creare cultura attraverso la scuola e la televisione. Questa seconda volta ha aperto un dibattito più vivace della prima, ma solo perché quelli che prendono le sovvenzioni si sono spaventati e perché se scrivi una cosa in venti puntate o in un libro nessuno ti legge o ti prende sul serio, ma se scrivi un solo articolo in prima pagina sì, anche se hai scritto le stesse cose di due anni prima. E comunque quel dibattito è finito pure lui. Antonio Pascale ha girato intorno a temi simili nel suo tentativo di trovare una via per la salvezza dell'Italia.[3] Si è convinto che la vuotezza progettuale sia figlia di una vuotezza culturale precisa: non sappiamo le cose, parliamo a vanvera. E che solo un investimento sulla cultura e sul metodo scientifico come cultura possa restituire sensatezza ad analisi e progetti. Tra le ipotesi sulle vie d'uscita da questo casino, la sua è convincente ma manca a mio avviso di combustibile, di stimoli sufficienti a muovere un gruppo a farsi élite – «minoranza etica» – e trascinarsi dietro gli altri.

Baricco scrisse che tra le ragioni per incentivare la vita culturale di un paese c'è

> la necessità che hanno le democrazie di motivare i cittadini ad assumersi la responsabilità della democrazia: il bisogno di avere cittadini informati, minimamente colti, dotati di principi morali saldi, e di riferimenti culturali forti. Nel difendere la statura culturale del cittadino, le

---

[3] Antonio Pascale, *Qui dobbiamo fare qualcosa. Sì, ma cosa?*, cit.

democrazie salvano se stesse, come già sapevano i greci del quinto secolo, e come hanno perfettamente capito le giovani e fragili democrazie europee all'indomani della stagione dei totalitarismi e delle guerre mondiali.

Rispetto al discorso che stiamo facendo qui, significa: non basta dire ai cittadini che bisogna comportarsi bene ed essere generosi col prossimo. Bisogna raccontare loro cosa è successo e cosa succede quando ci si comporta bene e quando ci si comporta male, che riflessioni ci abbiamo fatto, cosa abbiamo capito di come funzionano gli uomini e il mondo, che idee sono circolate e che storie sono accadute. Sono queste idee e queste storie che spiegano perché comportarsi bene è meglio.

Apro una parentesi sull'espressione «comportarsi bene», che mi è cara, ma di cui percepisco il suono paternalistico e demodé, che fa pensare a non parlare con la bocca piena e non fare dispetti agli altri bambini. Però se ci pensate, nella sua genericità contiene in due parole tutto quello che serve a muoversi nella vita e nel mondo, non essendo in discussione il valore del «bene» e dell'espressione che lo definisce. Il «bene» è ancora una parola – benché a volte usata retoricamente – che non è stata svilita da ironie e cinismi (ci hanno provato, inventandosi il «buonismo»: un'idea dei cattivi per avvilire la bontà). Il bene c'è, anche se spesso non è facile capire dove sia, e bisogna rifletterci molto. E c'è il male. Ci sono le cose buone e le cose cattive, e bisogna fare quelle buone: è una sintesi, ma mi è sempre parsa una sintesi ricchissima, da quando l'ho afferrata. L'espressione «comportarsi bene» dice questo: arricchisce l'obiettivo (il bene) della necessità di impegnarsi per ottenerlo («comportarsi»), unisce il fine al mezzo, il pensiero all'azione. Poi noi la buttiamo via ogni giorno, come quando diciamo «mi raccomando», e non sappiamo più neanche noi a cosa ci riferiamo, ma è un modo di dire «ci siamo capiti». Comportati bene. Basta verificare, ogni tanto, se ci siamo capiti davvero.

6

Non darlo a vedere

I'm starting with the man in the mirror
I'm asking him to change his ways
And no message could have been any clearer
If you wanna make the world a better place
Take a look at yourself, and then make a change.
Michael Jackson, *Man in the Mirror*

Garry B. Trudeau è l'autore della più famosa striscia a fumetti americana contemporanea, Doonesbury. Nel 2009, uno dei suoi personaggi, l'egocentrico e sciocco giornalista televisivo Roland Hedley, cominciò a usare Twitter per informare i suoi supposti fan di ogni suo più piccolo e superfluo pensiero. Trudeau voleva prendere in giro l'accelerazione nella comunicazione inutile di sé suscitata dalla diffusione di Twitter, e quando in un'intervista gli chiesero un'analisi più accurata della questione, lui rispose dicendo:

> Guardate, siamo tutti narcisisti, chi più chi meno: ma la maggior parte di noi se ne vergogna quanto basta per cercare di non darlo a vedere.

È una frase definitiva, che spiega metà delle cose del mondo e tira una delle righe per terra più fondate delle molte che andiamo abbozzando ogni giorno: quella tra chi cerca di dissimulare la propria vanità e chi non ne è capace. La vanità è diventata il meccanismo che regola la stragrande maggioranza dei nostri comportamenti pubblici. Quasi tutto quello che facciamo, lo facciamo per farci notare. E anche quasi tutto quello che non facciamo, come raccontò Nanni Moretti con la leggendaria considerazione: «Mi si nota di più se vengo e me ne sto in disparte o se non vengo per niente?».

> Mi si nota di più se vengo e me ne sto in disparte o se non vengo per niente?
> Vengo.
> Vengo e mi metto così, vicino a una finestra, di profilo, in controluce... voi mi fate: «Michele, vieni di là con noi, dài!», e io: «Andate, andate... vi raggiungo dopo...».
> Vengo. Ci vediamo là. No, non mi va, non vengo.

Ecce Bombo è del 1978. È un manuale ricchissimo di sociologia contemporanea, e contiene una quota cospicua delle citazioni di riferimento della mia generazione («giro, vedo gente, mi muovo, conosco, faccio delle cose»): ce n'è almeno un'altra che ha a che fare con le cose di cui stiamo parlando («te lo meriti, Alberto Sordi»). Ma nel passaggio *mi-si-nota-di-più* è descritto il simultaneo entrare in gioco dei due fattori all'origine della catastrofe umana di questi decenni: da una parte l'ansiosa necessità di affermazione di sé e di riconoscimento da parte degli altri, e dall'altra l'inetta insicurezza dei propri mezzi e della propria capacità di soddisfare la suddetta necessità. Le due cose insieme convincono Michele di *Ecce Bombo* a non andare alla festa, dopo aver cercato i modi più infantili e pigri per farsi notare; e le due cose insieme orientano i fallimenti di ormai più d'una generazione di italiani incapace di autostima.

Non che la vanità sia un fattore recente, nei comportamenti umani. Fosse solo per loro, l'affermazione e l'esibizione di sé sono sempre state motori preziosi per fare grandi e proficue cose per l'umanità: che anzi, i sinceramente generosi e altruisti sono sempre stati una sparutissima minoranza e l'unico di cui si possa dire con certezza che lo fosse è morto giovane duemila anni fa. Ma i modi di soddisfazione della nostra vanità – che un tempo si appuntavano su comportamenti ritenuti socialmente encomiabili – si sono sempre più sbilanciati verso l'infantile, l'egocentrico e lo sfacciato, a dispetto dell'orgoglio di sé, dei propri successi e persino della soddisfazione di non darlo a vedere, come dice Trudeau.

Siamo diventati insicuri e spaventati di esserlo: come sia successo tutto questo, è materia da sociologi. Trudeau dice anche che se è normale aspettarsi una narcisistica perdita di remore da parte dei divi del cinema, dei ragazzini e dei politici, la stessa cosa è invece intollerabile nel caso dei giornalisti come il suo Roland (se nel suo ragionamento Trudeau fa un errore, è quando si illude che a vergognarsi della propria vanità sia ancora «la maggior parte di noi»: magari).

Ma forse dentro questa considerazione accessoria c'è già una parte di spiegazione: mentre scomparivano dal nostro mondo gli esempi etici e costruttivi da seguire e da prendere come riferimento, a rimpiazzarli erano soprattutto modelli dello show business, per i quali – come sottolinea Trudeau – la spudorata esibizione di sé fa da sempre parte della professione (a cui molti professionisti si dispongono con naturale inclinazione e pochi si adeguano controvoglia, ma questo non importa). E proseguendo ancora, quei personaggi hanno perso le qualità che un tempo rendevano straordinarie le celebrità (talenti, attitudini, meriti), e la loro popolarità è rimasta legittimata solo dalla visibilità e dalla esposizione di sé, senza più niente dietro. Così abbiamo imparato che – una volta spariti qualità e talenti – la differenza tra noi e le celebrità stava solo nella dimensione della smargiasseria e della pubblicità: differenza che si può agevolmente superare aumentando smargiasseria e pubblicità di sé, come ha notato Vanni Codeluppi nel suo libro *Tutti divi* (Laterza, Roma-Bari 2009):

> Ciò che conta comunque è che il divo, di qualsiasi genere esso sia, tende sempre a operare come uno «specchio», vale a dire come un personaggio dotato di un maggiore livello di prestigio, ma simile alle persone comuni.

Okay, proviamo a ricapitolare. Possiamo quindi dire che una naturale inclinazione dell'uomo (e della donna, con qualche moderazione in più di cui qui non vale la pena tenere conto)[1] per l'egocentrismo e la vanità una volta era temperata (1) da minori o maggiori dosi di pudore, e (2) dal timore di essere sgamato. Poi però si è molto liberata da questi pudori e timori, col concorso (1) di modelli ineludibili e sfacciati di esibizione di sé e (2) di strumenti di esibizione di sé di inaudita potenza come quelli offerti dalle nuove tecnologie. Strumenti la cui efficacia induce in una continua tentazione che abbatterebbe un toro e le inibizioni più solide, e che a loro volta moltiplicano gli esempi e il fenomeno. Se lo fanno tutti, di raccontare al mondo che si stanno lavando i piedi o che loro quel romanzo l'hanno già letto un sacco di tempo fa («e non era tutto questo granché»), allora lo faccio anch'io: il mondo è cambiato, si può.

Liberarsi delle inibizioni è sempre suonato un traguardo auspicabile, se non fosse che le inibizioni sono spesso regole o principi che abbiamo stabilito con qualche ragione. Inibirsi è una buona idea, se ci sono delle buone ragioni per farlo. E le cose migliori che trascuriamo di fare rapiti dalla nostra vanità *sono* certamente una buona ragione. Finiamo

---

[1] Tra i vari elementi della cultura dell'uomo cacciatore e in competizione riproduttiva c'è pure la maggiore predisposizione naturale ad avercelo più lungo.

invece per avere come criterio delle nostre azioni la rassicurazione dell'attenzione altrui. La trasparenza della nostra vanità rende però meno credibile la maggior parte delle cose che facciamo e diciamo. Ci rendiamo ridicoli. E questa è un'altra ragione per contenersi.

In generale, tra noialtri esseri umani vige una certa sopravvalutazione della sincerità. A un certo punto abbiamo cominciato a spacciare per ipocrisia la buona educazione con cui sceglievamo cosa dire e cosa no, e a legittimare ogni accondiscendenza nei confronti di noi stessi definendola spontaneità: «Io sono fatta così...», «Ah, io dico quello che penso». Oppure, con ingenua simulazione di autocritica: «Ah, io non posso farci niente, dico quello che penso» o «Io ho questo difetto, che dico sempre quello che penso».

Il problema è che è davvero un difetto, dire sempre quello che si pensa.[2] Perché se uno pensa delle fesserie – e capita sovente – poi le deve dire, e magari era meglio di no. Perché se uno pensa delle cose cattive, o sgradevoli, forse è meglio che non le dica. Perché se uno pensa delle cose violente, o stupide, forse è meglio che le reprima. E questo ci porta – dalle parole ai fatti – a uno dei più catastrofici alibi costruiti dal

---

[2] «L'oscenità di cedere all'universale tentazione di essere se stessi che costituisce il comandamento dell'epoca» (Bernard-Henri Lévy, *Nemici pubblici*, Bompiani, Milano 2009).

genere umano per autoassolversi e mettere in vacanza la propria responsabilità su di sé.

Sii te stesso.

Già, bravi. Sii te stesso. E se uno è stronzo? «Sii te stesso», con tutta l'aura di grande dignità che si porta dietro, è una tra le peggiori predicazioni della storia. E sta dentro questo grande inganno autoassolutorio per cui l'impegno, l'applicazione, il lavoro di comprensione delle cose giuste e di quelle sbagliate, l'aspirazione a essere migliori, finiscono per essere disprezzati come artificiose ipocrisie, di fronte alla pretesa nobiltà del pigro e vile affidarsi alla propria natura.[3] Ma la propria natura, nella totalità dei casi, è ben lontana dalla perfezione: a meno di non essere Gesù Cristo, evento che è capitato una sola volta nella storia del mondo, che si ricordi.

E pure quella volta lì, poi, ci fu la vicenda dei mercanti nel tempio e persino lui ebbe per una volta una reazione un po' sopra le righe.

---

[3] «Sii te stesso» non solo assolve alla funzione di legittimare ogni pigrizia e ogni mancanza di impegno, ma implica che il «se stesso» abbia di per sé delle qualità comunque, guidandoci in una direzione assai frequentata in questi anni di compiacimento e concentrazione su ciò che si fa. In quanto io, sono interessante. C'è un effetto collaterale e parallelo di questo atteggiamento che riguarda le nuove tecnologie e le opportunità che offrono di mantenere i propri interessi strettamente intorno a orizzonti ristrettissimi: segnalando libri, musica, amici che ci potrebbero interessare a partire da ciò che già ci piace. Finiamo per leggere solo cose con cui siamo d'accordo. Limitando quindi le possibilità di incontri e scoperte davvero nuovi, di adozione di pensieri finora ignorati, in favore di piccole variazioni sul nostro mondo di sempre: noi stessi.

Gesù entrò poi nel tempio e scacciò tutti quelli che vi trovò a comprare e a vendere; rovesciò i tavoli dei cambiava-
lute e le sedie dei venditori di colombe e disse loro: «La
Scrittura dice: "La mia casa sarà chiamata casa di preghie-
ra" ma voi ne fate una spelonca di ladri».

Matteo 21, 12

Perché Gesù, uomo mai violento, quel giorno lì si ac-
canì così contro quei poveri commercianti, venditori
di colombe, persino? Li chiamò ladri, rovesciò tutto,
perse evidentemente il controllo di sé? Possiamo giudi-
care l'episodio come una rivelazione che la suprema e
angelica perfezione di Cristo non era altro che il frutto
di una costante e proficua applicazione, e che il giorno
che si lasciò invece andare a essere se stesso gli effetti
furono piuttosto spiacevoli? Oppure anche quella in-
temperanza sta dentro la sua divinità, perché *quanno ce
vo' ce vo'*, pure per le divinità? (C'erano dei precedenti
ancora più irascibili, a partire da suo padre quella volta
col diluvio, e prima ancora con la mela.)

Naturalmente per gli atei è più avvincente la prima
ipotesi: che Gesù fosse solo (solo?) uno che si impe-
gnava molto. Ci offre la possibilità di credere che con
concentrazione e assiduità possiamo fare grandi cose.
Ed è una tesi più attraente anche per il discorso che
stiamo facendo qui. Vuol dire che per fare bene, per
essere felici di sé, «essere se stessi» è la strada sba-

gliata, e ingannevole. Quella giusta è cercare di essere qualcun altro.[4]

«Tu ti credi Dio!»
«E a qualche modello dovrò pure ispirarmi!»

Sembra solo una buona battuta, quando Woody Allen la dice in *Manhattan*. Invece è anche piena di senso. Intanto la battuta funziona grazie alla distanza tra ciò che si pensa davvero di sé («tu ti *credi* Dio») e ciò che invece si vorrebbe essere e non si è («a qualche modello dovrò pure *ispirarmi*!»). E per questo la risposta di Isaac, il personaggio di Allen, ha perfettamente senso. Cercare di essere Dio è una buona e saggia cosa, come cercare di essere qualunque altro modello positivo. Lo è per due ordini di ragioni, corrispondenti a un mezzo e a un fine, a un percorso e a una meta. Primo: la ricerca e l'applicazione ci migliorano, comunque, rispetto alla rassegnazione e all'indolenza. Il solo lavorare per ottenere un obiettivo è un risultato che arricchisce e rende migliori e soddisfatti di sé. Ma – secondo – naturalmente lo è anche ogni successo nell'avvicinamento a quell'obiettivo (d'altra parte i migliori modelli sono quelli che non saremo mai in grado di raggiungere).

Dalla politica arrivano ai cittadini esempi distruttivi, trasversali, costruiti sulle impunità ostentate, sugli

---

[4] «La libertà sostanziale è quella che dà facoltà di cambiare se stessi e le cose intorno» (Michele Serra, «la Repubblica», 1° luglio 2010).

scandali, sulle spiate. Uno scivolamento nel delirio della libertà assoluta dell'individuo, libero da tutto anche dalle leggi perché tanto i peccati e i reati sono opinabili, non valgono se non li si sente come tali. Così la riforma della giustizia si tramuta nel campo dell'antagonismo per eccellenza. E degenera irreparabilmente in duello. Non si sa chi abbia iniziato, se Berlusconi, i pm di Milano o gli ex Dc. Si sa solo che è avvenuto e che non si riesce a tornare indietro. L'origine sta nell'affermarsi del principio di essere se stessi. Se si ha la libertà di essere se stessi nella famiglia con l'aborto, il divorzio, l'eutanasia, alla fine l'essere se stessi diventa un valore per tutto. Berlusconi ne è l'esempio. Ha lanciato il messaggio: «Fate come me, diventate tutti piccoli imprenditori», cioè siate liberi di essere voi stessi. Liberi da tutto, dunque anche dal processo, dal giudizio, dall'esito, dalla condanna. Ormai nella cultura collettiva nessuno è più capace di certificare, di testare un comportamento e una condotta con autorità ed autorevolezza. Non si chiama più il peccato o il reato con i loro nomi.

Giuseppe De Rita, intervista a «La Stampa»,
1° novembre 2009

Sii te stesso.[5] Sii te stesso un corno. Non siate voi stessi e non insegnatelo agli altri, a cominciare dai vostri

---

[5] C'è una frase di solito attribuita a Gandhi – «Siate voi stessi il cambiamento che volete vedere nel mondo» – che distruggerebbe efficacemente da sola la pigra incompletezza del «sii te stesso», se venisse presa in considerazione non soltanto al momento dell'acquisto della maglietta.

figli e dai vostri allievi. Non dite loro: «Mi basta che
tu sia felice». Già l'espressione «mi basta» rivela che
è un desiderio di ripiego. In realtà vorreste qualcosa
di più, e avete ragione: vorreste dei figli che dedichino
la loro vita a qualcosa di più che godersela prima che
finisca, vorreste che la loro esistenza avesse un senso,
vorreste averli messi al mondo per qualche ragione
che non siano solo il vostro personale conforto e la
rimozione del senso di colpa per averli consegnati a
un mondo di sofferenze. Vorreste che appartenessero
ancora all'«istante, lunghissimo, in cui, ereditando intuizioni che venivano da lontano, un'élite intellettuale
iniziò a immaginare che l'uomo portasse dentro di sé
un orizzonte spirituale non riconducibile, semplicemente, alla sua fede religiosa».[6] «Mi basta che tu sia
felice» è nascondere la mano dopo aver lanciato il sas-
so per la paura di aver centrato la persona sbagliata.
Una ritirata.

Certo, bisogna scegliere bene i propri modelli.[7]
Quello adottato da Isaac può non essere giudicato
positivo sotto alcuni aspetti (una certa inclinazione
alla collera, alla violenza, alla presunzione eccetera).
Gesù, con quella solita eccezione del tempio e di
qualche altro capriccio, ebbe comportamenti più mo-
derati e umani. E così convincenti che poi ci hanno

---

[6] Alessandro Baricco, *I barbari*, cit.
[7] L'Italia di oggi, tornando a quella sera del 1982, sembra aver adottato
come modello quello di Stielike.

costruito sopra l'ideologia più potente e inaffondabile della storia del mondo.[8]

Ma ognuno si sceglie i modelli che vuole, e a volte i più efficaci sono a maggior portata di mano. Quello che spesso succede è che poi finisci per costruirti un modello che non è un'altra persona, né un sistema fisso e rigido di principi e ambizioni: è il tu che vorresti essere. C'è sempre un tu che vorresti essere, a meno che non te la racconti. E come dice Michael Jackson, comincia a cambiare te stesso e questo cambierà il mondo. Hai voglia ad alzare le spalle.

Sopra il mio letto, tengo la riproduzione di un quadro famoso di Caravaggio, quello che rappresenta la vocazione di Matteo, che sta a San Luigi dei Francesi a Roma, dove Gesù, nella penombra di una volgare osteria, indica con il dito l'esattore delle tasse Matteo, e quello gli si rivolge stupefatto e sembra dire: «Chi, io, proprio io?». Non succede sempre così, nella realtà, e nessun Dio scende dalle nuvole per chiamare a nuovi doveri. È la tua coscienza, la tua intelligenza, la tua capacità di ragionamento sul mondo che ti inducono verso una strada, che ti convincono a dedicare la tua esistenza a qualcosa che non appartiene alla sfera della sopravvivenza, del successo o dell'arric-

---

[8] «Rimane dunque un cristianesimo demitizzato, ridotto alla sua sostanza morale e, per quello che strada facendo è andato perduto, un grande rispetto e scarsa nostalgia» (Ignazio Silone, *L'avventura di un povero cristiano*, Mondadori, Milano 1968).

chimento, alla sfera della cosiddetta felicità privata, ma a qualche cosa che dia valore e sostanza all'idea dell'uomo che tu ti fai e che l'umanità si è fatta nei momenti migliori della sua storia.

Goffredo Fofi[9]

---

[9] Goffredo Fofi, *La vocazione minoritaria*, cit.

7

La fine delle lezioni

Prima ancora che nella sua vita arrivasse stabilmente Woodstock, un giorno Snoopy si ritrovò un nido sul tetto della cuccia («Inquilini!») e poi delle uova nel nido («Santo cielo, sono nonno!»). Nel giro di poche strisce le uova divennero uccellini, e il nonno Snoopy si sentì responsabile della loro educazione, persino sulle materie della vita in cui era del tutto impreparato, e fu così che si dispose a impartire la «prima lezione di volo»: che si concluse con una gran capocciata sul prato davanti alla cuccia, e l'assennato insegnamento:

Non fate come faccio, fate come dico.

Ecco: un altro cliché della dialettica contemporanea è quello che gira intorno all'accezione negativa dell'espressione «predicare bene e razzolare male». Nell'uso comune la si utilizza per indicare (1) qualcuno le cui buone prediche non siano ritenute credibili perché contraddette dalle sue opere,

o (2) qualcuno le cui prediche siano ritenute cattive perché contraddette dalle sue opere, buone in
quanto opere, in quanto avvengono. Entrambe le
interpretazioni dell'espressione sono però forzate
e sbagliate, (1) per ragioni linguistiche e (2) per ragioni logiche.

Nel primo caso, il modo di dire adatto per definire
la scarsa credibilità di un'asserzione contraddetta dalle opere è piuttosto «da che pulpito viene la predica».
«Predica» qui è neutro, privo di avverbi e accezioni
positive: sta lì solo per opporsi a «pulpito», segnalare
la differenza. Nella frase di cui stiamo parlando «predicare bene» vuol dire invece predicare bene, e «bene» vuol dire bene, punto. Chi predica bene fa una
cosa buona, qualunque opera lo contraddica. Non si
capisce infatti perché un cattivo razzolamento debba
diminuire la bontà di una predica. Se io insegno ai
miei bambini a chiedere «per favore» e poi non lo
faccio io stesso, il mio insegnamento non sarà meno
buono per questo: tutt'al più sarà meno efficace perché non avrà accanto l'esempio, ma non meno giusto.
E sarà sempre meglio che razzolare male predicando
male, che è quello che pretenderebbero certe vestali
della coerenza, gente che apprezza un ladro che insegni al mondo a rubare più di uno che ammetta che
rubare è sbagliato. Insomma, chiedere «per favore»
resta una cosa giusta, chiunque ve lo insegni e comunque si comporti chi ve lo insegna. (Questa è un'altra

ovvietà morale tra le più ignorate nei dibattiti politici: che una cosa è giusta o sbagliata indipendentemente da chi la sostenga, e attaccare la coerenza di chi la sostiene è spesso un trucco dialettico per eludere e sminuire la correttezza della cosa detta.)

Il secondo travisamento dell'espressione «predicare bene e razzolare male» è quello che pretende non solo che l'esempio sia più importante della predica – e questo sarebbe un uso corretto – ma addirittura che annulli la bontà della predica, rendendola cattiva. In poche parole: dal momento che rubi, la tua tesi che rubare sia male è sbagliata. E soprattutto: «Zitto, tu, ladro!». Questo inganno dialettico è abusatissimo per contraddire le asserzioni più assennate del mondo, perché riesce sempre a togliere credibilità a una tesi togliendo credibilità a chi l'ha espressa, il quale difficilmente sarà senza peccato: garantisce successi assicurati, forzando il vecchio «scagli la prima pietra» (che ha fatto un sacco di danni disegnando come lapidatore sanguinario chiunque poi si sia azzardato a fare obiezioni senza essere un santo). E in più azzera il valore di principi e regole universali (o quasi universali: nessuna regola è davvero assoluta) sulla base di eventi e di accadimenti singolari che non li abbiano rispettati.

Okay, voi direte: e allora che accidenti vuol dire «predicare bene e razzolare male»? La contraddizione non significa nulla, la coerenza non è rilevante?

Non c'è nessuna differenza con chi predichi bene e poi razzoli altrettanto bene? Eccome se c'è, ed è questo il senso reale con cui sottolineare la contraddizione: quando serva cioè a indicare (1) che l'obiettivo dovrebbe essere razzolare bene come si predica e (2) che quell'obiettivo è assai lontano e c'è una grossa distanza tra la bontà della predica e l'inadeguatezza dell'opera. Ma non il contrario: la predica è buona.

Le parole che Snoopy dice ai suoi uccellini sono una delle molte citazioni bibliche nel repertorio dei Peanuts. Dal Vangelo secondo Matteo:

> Allora Gesù si rivolse alla folla e ai suoi discepoli dicendo: «Sulla cattedra di Mosè si sono seduti gli scribi e i farisei. Quanto vi dicono, fatelo e osservatelo, ma non fate secondo le loro opere, perché dicono e non fanno».

Anche Gesù aveva capito che il razzolare male – ai farisei subito dopo gliele ammolla col botto – non modifica la bontà delle buone prediche: «Quanto vi dicono, fatelo e osservatelo».

C'è un secondo argomento per difendere i preziosi buoni insegnamenti dagli attacchi strumentali di chi non vuole vedere definito ciò che è giusto e ciò che è sbagliato. Ed è che predicare bene è anche di per sé razzolare bene. Chi predica bene ha capito quale sia il bene, e questo è già un risultato notevole e fecondo. Nel fondamentale percorso verso la costruzione di un mondo migliore che ha come tappe prima il capire cosa sia giusto e cosa sbagliato, e poi il fare quello che è giusto (e continuare a fare ciò che è giusto), chi predica bene ha superato la prima tappa. È a metà dell'opera. E non è solo a metà dell'opera su se stesso – passaggio decisivo per il miglioramento di tutto il mondo, ricordatevi *Man in the Mirror* – ma anche dell'opera di cui è responsabile nei confronti degli altri: che è, per ognuno, quella di insegnare le cose che ha capito.

Ma c'è un problema di linguaggio e di sensibilità anche rispetto alle prediche, agli insegnamenti e alle lezioni. Ci sono cose di cui in Italia è difficilissimo parlare per quello che sono e la discussione è travolta dal superficiale attaccamento a parole vaghe e generiche, spesso usate spregiativamente o enfaticamente per nascondere contesti e sostanze. Gli esempi sono molti: ne elenco alcuni, prima di tornare alla questione delle prediche, degli insegnamenti, del «proselitismo».

In questo decennio, per esempio, ci siamo rimessi a discutere della guerra. Per via della Bosnia, per via dell'Afghanistan, per via dell'Iraq: guerre a cui l'Italia ha partecipato. Ma già mentre le mettiamo in fila ci accorgiamo di quanto siano distanti tra loro, non solo geograficamente, e quanto diversi gli interventi militari internazionali e italiani in ognuna delle tre occasioni. Eppure le abbiamo chiamate tutte: guerra. E non abbiamo più discusso di cosa succedesse in Bosnia, di chi avesse ragione o torto, di chi stesse aggredendo chi, di chi fossero le vittime, di chi e cosa si dovesse difendere, oppure no. Né abbiamo fatto questa cosa, con altre valutazioni e analisi, per l'Afghanistan. O per l'Iraq. Qualcuno ha provato a sottrarre il dibattito alle generalizzazioni e ha parlato di polizia internazionale, intervento militare, missione di pace, partecipazione a un conflitto. Ma niente: sempre guerra rimaneva. E poi ci siamo ricordati che nella Costituzione c'è scritto che «l'Italia ripudia la guerra» e non ci siamo curati di quel che dicono le parole successive e del perché ci siano, quelle parole successive.[1] Abbiamo discusso della: guerra. Una, sola, e assoluta, aliena da variabili e contestualizzazioni e buona per ogni occasione. Abbiamo discusso di una parola.[2] E tutto quel che abbiamo concluso è: la-guerra-è-cattiva.

---

[1] Articolo 11: «L'Italia ripudia la guerra come strumento di offesa alla libertà degli altri popoli e come mezzo di risoluzione delle controversie internazionali; consente, in condizioni di parità con gli altri Stati, alle limitazioni di sovranità necessarie ad un ordinamento che assicuri la pace e la giustizia fra le Nazioni; promuove e favorisce le organizzazioni internazionali rivolte a tale scopo».

[2] Sui pericoli in agguato dietro all'uso non metaforico della parola guerra racconto questa. Poco dopo l'intervento americano in Afghanistan, alla vigilia di un turno di elezioni regionali in Italia, il direttore di un grande quotidiano mi chiese durante una conversazione telefonica come fosse la guerra. Io allora co-conducevo un talkshow di attualità ogni sera in tv, e benché la domanda mi paresse ambiziosa, cominciai a spiegare le difficoltà che incontravamo nell'affrontare quel tema e sottrarlo alle semplificazioni. Ma lui mi interruppe rapidamente spiegando che ciò che voleva era un parere su un'avvenente candidata alla presidenza del Friuli che si chiamava Alessandra Guerra.

Negli anni passati in Italia si è discusso molto anche della satira. L'evoluzione aggressiva e competitiva del dibattito politico lo ha trasformato in rissa da stadio, facendogli in molti casi oltrepassare del tutto i limiti della civiltà: ma molti di quei casi, diversi in forma, contenuto e contesto, li abbiamo chiamati satira. «È satira!» abbiamo detto; o anche: «La satira è per sua natura libera!». L'abbiamo ridotta a una parola, indipendente da quel che rappresenta di volta in volta, indipendente da qualunque messaggio trasmetta e qualunque forma usi.

Nel frattempo, le espressioni autodefinitesi satira si sono prese ogni libertà, fedeli per prime all'idea che la satira sia una categoria estendibile a piacere e che anzi siano la violenza e la trasgressione degli attacchi a definirle come satira: «La satira viola ogni regola, altrimenti non è». Abbiamo chiamato satira qualunque cosa, richiamandoci a un cliché mai scritto e mai avallato per cui alla satira tutto sarebbe concesso per definizione. Non abbiamo valutato caso per caso se una vignetta fosse pericolosa o innocua, se un monologo o un comizio fossero un'aggressione violenta o un'umana espressione di opinioni, se un programma televisivo diffondesse intelligenza e capacità di vedere oltre le cose oppure insulti gratuiti a scopo di audience. Abbiamo discusso di: satira. Una, sola e assoluta, aliena da variabili e contestualizzazioni, e buona per ogni occasione. Abbiamo discusso di una parola. E tutto quel che abbiamo concluso è: la-satira-è-libera.

Non passa mese senza che in Italia si discuta di censura. C'è un problema di libertà di informazione, in Italia, senza dubbio: e si aggroviglia con un problema di qualità dell'informazione. Esiste una vera censura su molta tv, ed esiste una censura in molte teste. Però la parola la usiamo ormai in occasione di qualunque scelta editoriale, ed è diventata l'alibi di chiunque non ammetta critiche e interventi sul proprio prodotto, televisivo, giornalistico o letterario eccetera.[3] Censura. Abbiamo discusso di: censura. Una, sola e assoluta, aliena da variabili e contestualizzazioni, e buona per ogni occasione. Abbiamo discusso di una parola. E tutto quel che abbiamo concluso è: la-censura-è-cattiva.

Negli anni passati in Italia si è discusso molto di obiezione di coscienza. Alcuni temi particolarmente delicati e traumatici per le sensibilità personali hanno occupato il confronto politico e hanno ricevuto proposte di ridefinizione e regolamentazione. Temi diversissimi tra loro: l'aborto, il matrimonio tra persone dello stesso sesso, il testamento biologico, la pillola abortiva, ma persino il canone Rai. E in ciascuno di questi casi non abbiamo discusso di come potessero riferirsi a una cosa che chiamiamo «coscienza», meno

---

[3] Voglio anzi protestare per le pesanti censure imposte dall'editore a questo libro rispetto a una mia prima scrittura che evidentemente faceva paura ai poteri forti.

che mai di cosa esattamente sia questa cosa, e non abbiamo distinto le implicazioni di una violazione della legge, né abbiamo convenuto di stabilire dei margini di applicazione della propria indipendenza morale dalla legge o dei prezzi da pagare in cambio. Ci siamo limitati a dire: obiezione di coscienza. Una, sola, assoluta, aliena da variabili e contestualizzazioni e buona per ogni occasione in cui non ci piacesse un'ipotesi di regola. Abbiamo discusso di una parola. E tutto quel che abbiamo concluso è: l'obiezione-di-coscienza-è-giusta.

Negli anni passati in Italia si è molto criticata la cooptazione. Abbiamo chiamato così il sistema per cui qualcuno accede a posti di più o meno grande responsabilità o rispettabilità, in quanto scelto da qualcun altro che abbia il potere di promuoverlo. E pensando che questo generico procedimento fosse responsabile di ogni mancato apprezzamento del merito, abbiamo stabilito che il problema fosse la cooptazione. Abbiamo associato un significato fortemente negativo a una parola che si riferisce genericamente alla scelta di qualcuno, senza farci domande sui criteri effettivi di quella scelta. Ogni promozione è diventata cooptazione, ogni cooptazione scandalo. Abbiamo convenuto che la radice da estirpare fosse la cooptazione, senza riflettere sul fatto che sistemi di cooptazione rendono efficaci istituzioni, comunità e aziende da sempre, e che persino la Costituzione prevede la cooptazione rispetto a diversi poteri dello Stato: indicando che si diventi ministri, o assessori, per cooptazione. Abbiamo discusso di: cooptazione. Abbiamo discusso di una parola. E tutto quel che abbiamo concluso è: la-cooptazione-è-sbagliata.

Col giro largo stiamo tornando a parlare di insegnamenti e lezioni: negli anni passati si è anche molto discusso di laicità. La particolare superficialità di questa discussione è raccontata anche solo dalla diffusa confusione intorno al significato della parola laico, che molti e insospettabili hanno reso sinonimo di ateo, mostrando poi grande meraviglia di fronte al fatto che esistano credenti laici, e persino laicisti, nel senso di appassionati sostenitori della laicità dello Stato.

Da noi questo confronto si è dedicato meno che negli Stati Uniti alla variante «credenti contro atei»: probabilmente perché la convivenza dei due gruppi è più antica e la formale laicità dello Stato l'ha facilitata. Ma all'inizio del 2009 un agguerrito manipolo di razionalisti – lo Uaar, Unione degli atei e agnostici razionalisti – si è imbarcato in una campagna di informazione su un tema che in Italia di solito non viene dibattuto, essendo la fede ritenuta saggiamente estranea alla logica e al raziocinio: l'inesistenza di Dio.

Anche questo è un bell'esempio, e antico, di polemica su una parola che si perde negli equivoci del suo significato. Cosa c'è di meno condiviso del significato di Dio? Come è possibile argomentare dell'esistenza di una cosa che per alcuni è un signore con la barba che galleggia nel cielo e per altri è un pensiero quanto mai terreno, umano e addirittura «ateo»?

> Così, ben prima che in Dio, crediamo nell'uomo – e solo questo, all'inizio, è la fede.[4]

> Il senso della vita, cioè il senso del mondo, possiamo chiamarlo Dio. Pregare è pensare al senso della vita.[5]

Discutere dell'esistenza di Dio significa quindi discutere di un oggetto che non può ammettere discussione (il soprannaturale irrazionale) oppure di una tautologia, se Dio è il senso che ognuno dà alla vita e al proprio rapporto col mondo.

Ma, insomma, quelli dello Uaar all'inizio del 2009 decisero di dubitare di Dio sugli autobus. Comprarono degli spazi pubblicitari sulle fiancate dei mezzi pubblici genovesi, come avevano già fatto alcuni loro colleghi ateisti inglesi. Successe un finimondo, perché l'Italia è il paese dove non si discute dell'esistenza di Dio non per superiore maturità del dibattito, ma per sua inferiore immaturità: perché non si deve. Ma dal dibattito di quei giorni traboccò anche qualcosa di buono, qualche tentativo di cogliere altre implicazio-

---

[4] Alessandro Baricco, *Emmaus*, Feltrinelli, Milano 2009.
[5] Ludwig Wittgenstein, a ventisette anni.

ni di quella campagna «ateista». Tra gli altri, Alessandro Gilioli, giornalista dell'«Espresso», raccontò sul suo blog i dubbi che aveva:

> Andare a spendere dei soldi per annunciare al mondo che Dio non esiste puzza un casino di proselitismo, e se c'è una cosa che un agnostico non farebbe mai è tentare di convincere qualcun altro, dato che sospendere il giudizio è una scelta molto personale, intima e – per quanto consapevole – dolorosa.

Gilioli è un giornalista molto laico e tollerante, e il suo intervento sembrava mostrare un carattere supremo di questa sua misura: l'idea che la tolleranza debba sottrarci persino al tentativo «di convincere qualcun altro», intenzione che porterebbe in sé qualcosa di violento in quanto tale, a prescindere dai modi che adotta. Ma il «proselitismo» di cui Gilioli sentiva la puzza, grazie al cielo viene invece praticato da secoli da molte persone coraggiose che hanno cercato di «convincere qualcun altro» della bontà delle loro ragioni e dei loro pensieri. Lo stesso proselitismo della Chiesa cattolica è buono e giusto laddove predica cose buone e giuste, e legittimo laddove viene attuato con mezzi pacifici e senza ricatti: ha fatto molto bene al mondo e a molti di noi che qualcuno ci abbia «convinto» di ciò che gli sembrava bene. Della maggior parte di quello che abbiamo imparato ci ha «convinto» qualcun altro. Il fascino di questa superficiale formulazione contro il proselitismo è complementare al successo dell'espressione «non accetto lezioni», di cui parliamo più avanti. Cosa fa d'altra parte lo stesso Gilioli quando scrive sul suo giornale o sul suo blog quello che pensa sulle più varie materie di discussione? Non cerca forse «di convincere qualcun altro»? E meno male che lo fa, dimenticandosi delle parole di cui sopra. Sono parole distratte, ma è una distrazione che può costare cara.

Questo è il modo con cui lo spiegò Tommaso Padoa-Schioppa in un articolo del 17 gennaio 2005 sul «Corriere della Sera» (scriveva a proposito dei temi trattati nei diari di papa Roncalli):

> Il discutibile sottinteso è che il proselitismo sia in sé cosa non buona. Ebbene, non si scandalizzi il lettore: vorrei qui parlare del proselitismo per farne l'elogio. E vorrei anzi esprimere preoccupazione per il farsi strada, nel nostro tempo e proprio nelle nostre società pluraliste, dell'idea che «fare proseliti» violerebbe i diritti e attenterebbe alle convinzioni (supposte inalterabili) dell'altro. Secondo un nascente luogo comune, uno spirito aperto dovrebbe astenersi dal propagandare le proprie idee e accettare quelle altrui senza porle in discussione. Il proselitismo sarebbe tipico di chi è intollerante, assolutista, poco incline al rispetto dell'altro. E le convinzioni sarebbero nobili, eroiche, solo se conservate immutabili (sennò diventano tradimento). Invece, la riflessione dovrebbe portarci a considerare questo modo di pensare come gravemente errato; un errore che sarebbe pericoloso lasciare impiantare nel nostro pensiero e nel nostro costume. È definita

proselitismo la «tendenza a fare nuovi seguaci di una religione, una dottrina, un partito, un'idea, un progetto».
Non solo l'espressione di una convinzione, ma lo sforzo
di trasmetterla, di persuadere altri della sua qualità, di fare adepti ed eventualmente militanti. Ovviamente, questo
sforzo può esplicarsi nei più diversi campi: in quello reli-
gioso, ma anche in campo scientifico, filosofico, politico. Il
maestro, se è davvero tale, trasmette agli allievi un sapere
o un progetto che non sono mai disgiunti da convinzione e
impegno. E che altro è, se non proselitismo, la predicazio-
ne dei fondatori di religioni e dei profeti? Separare libertà
di espressione da proselitismo è quanto mai arduo, forse
impossibile; perciò è illusorio pensare di reprimere questo
senza vulnerare quella. È difficile immaginare che l'espressione del pensiero sia avulsa dal desiderio di convincere
il destinatario. Rudi Dornbusch, un grande economista
recentemente scomparso, mi raccontava anni fa di come,
giovane professore, giunto al Massachusetts Institute of
Technology imbevuto di certe idee economiche, fosse stato
invitato per mesi a colazione da Franco Modigliani quasi ogni giorno per serrate discussioni volte a convincerlo
dell'erroneità di quelle idee e della superiorità di altre. Non
lavaggio del cervello, ma serrata interlocuzione con lo scopo preciso di persuadere.

Non so se vi ricordate del mio amico, quello con cui
litigo. Eravamo rimasti che mi ero andato a leggere
l'articolo di Maureen Dowd che gli era piaciuto così
tanto da segnalarlo su Twitter. Quello su Marilyn e
sulla cultura. Dopo averci fatto tutte queste riflessioni, mi tornarono in mente le diffidenze del mio

amico verso le responsabilità pedagogiche che io attribuivo a ognuno di noi e a ogni cosa che facciamo, soprattutto nei campi dell'informazione e della televisione. Adesso però «Maurina» aveva scritto che il discredito della cultura «alta» è una catastrofe che porta all'ignoranza, e che persino le opere più leggere e pop devono avere aspirazioni elevate, e questo al mio amico era piaciuto? Se lo diceva «Maurina» andava bene? Senza por tempo in mezzo, maramaldo, gli scrissi:

> @ilmioamico Vuoi dire che ti è piaciuto un articolo che dice che è meglio essere colti e straordinari che ignoranti e qualunque?

Il tempo di pensarci e il mio amico mi risponde così:

> @lucasofri È sempre il come, soprattutto sul crinale cagone di quel tema, a rendere sublime l'enunciazione di Maurina.

«È sempre il come.»

«Il crinale cagone di quel tema.»

Il mio amico a volte è un uomo di sintesi: quello che io ho cercato di dire già diverse volte in questo libro e che cercherò di dire ancora – che esiste un problema di linguaggio e di retorica nel comunicare, e di ricettività dei messaggi – lui lo aveva chiarito in due parole: «crinale cagone». Il problema del «crinale cagone» e del fatto che in molti vivano così i buoni messaggi è un problema su cui bisogna fare delle riflessioni.

Riflessioni rese complicate dalla nostra tendenza a discutere più le parole che il loro significato. Come ho spiegato con gli esempi, io credo che i tre quarti delle discussioni che affrontiamo siano fuorviate da equivoci di significato, in buona o cattiva fede. Non si può capire cosa sia giusto o sbagliato fino a che ci si concentra sulle parole piuttosto che sulla natura delle cose, che una sola parola descrive sempre genericamente.

Ho sempre avuto l'impressione che l'accusa contro la «superiorità morale della sinistra» fosse spiegabile solo con un complesso di inferiorità da parte di chi la tirava in ballo, vista la sua palese insensatezza. Ognuno di noi pensa infatti – in misure diverse, con più o meno dubbi e disponibilità a cambiare idea – che le sue opinioni e ragioni abbiano un fondamento, e quindi siano più motivate di altre. Esistono proprio perché hanno un fondamento. Quindi non sono (più o meno temporaneamente) migliori «in quanto sue», ma in quanto ci ha pensato, almeno un po'. Voglio insomma dire che ognuno attribuisce una «superiorità» alla sua opinione, visto che ce l'ha. A meno che non ne sia molto molto insicuro, e può capitare: ma di solito questo ha a che fare con il non averci riflettuto abbastanza, o non essersi documentato abbastanza, o non aver capito abbastanza cose, e quindi quell'opinione ha *di fatto* una sua «inferiorità» morale, che non è pertanto un tratto di umiltà ma un suo consapevole difetto. Poi ci possono essere la spocchia, la supponenza, la presunzione, la rigidità (e ci sono eccome): ma avere un'opinione e pensare che sia la migliore tra quelle di propria conoscenza non solo non è esecrabile, ma è ovviamente normale. E spocchia, presunzione eccetera sono discutibili e antipatiche, ma non influiscono sul valore delle cose che uno dice. Sono due piani diversi. Le cose sono giuste o sbagliate indipendentemente da chi le afferma, come abbiamo detto parlando del predicare e del razzolare.

Proseguo, che la questione è intricata. In questi anni di maggior accesso per tutti alle possibilità di affermazione pubblica di sé, e di più dura competizione per ottenerla, si sono date man forte due attitudini che hanno esaltato e accresciuto le nostre vanità. Una è l'uso del sapere e delle informazioni – in vari modi e contesti – per guadagnare credibilità, farsi notare, ottenere riconoscimento pubblico e illusioni di piccoli successi. In molti modi e in diverse misure ci infiliamo quasi tutti, ogni giorno, nella parte di quello che sa una cosa, che la dice per primo, che l'aveva notata per primo, che non si fa fregare da quel che credono tutti o che si dice in giro. Saperla lunga è diventato un modo per «esistere», per relazionarsi con gli altri, per competere, e per vincere. Forse siamo già a una tappa successiva, in cui l'esibizione di sapere è un tic incontrollabile che sbaraglia persino il timore di farsi invece malvolere e disistimare a causa di quell'esibizione. Non riusciamo a trattenerci. Pensiamo che l'umiltà sia diventata troppo invisibile nel casino generale per poter essere notata e diventare notevole: e quindi ci sentiamo costretti a esibire noi stessi, perché altrimenti tutta la nostra sapienza e le nostre qualità non le noterebbe nessuno. È lo stesso meccanismo di quelli che urlano nei dibattiti televisivi solo perché urlano tutti gli altri, e se non urlano temono – con ragione – che non li si noti: e non si accorgono che intanto qualcuno li guarda con deplorazione.

Sto presentando così la seconda attitudine, che è il rifiuto dell'umiltà e dell'ammissione dei propri limiti, anche di quelli più ovvii. In questo sistema, infatti, non sapere delle cose è vissuto come una sconfitta e una diminuzione. In questo sistema assiduamente competitivo in cui ogni spazio e visibilità ottenuti da un altro sono spazio e visibilità sottratti a me, l'eventualità che qualcuno ci dica cose che non sappiamo corrisponde a un'ammissione di sconfitta invece che a un potenziale successo. Non so se sbaglio, ma mi pare che questa disposizione somigli – assurdamente – all'orgoglio di chi non vuole accettare aiuto, o regali, o soldi: che tu mi dia dei soldi di cui ho bisogno sarebbe forse utile, ma mi offende. Perché accettandoli confermerei che non sono in grado di farcela da solo, e di sapermeli «guadagnare», quei soldi, in cambio di qualcosa che ho da offrire. Elemosina, sintomo di fallimento. Ma il sapere, la comprensione delle cose, non sono come i soldi, non si ottengono solo in cambio di qualcosa. È vero che sono sempre circolati anche a pagamento, ma in forma di economia accessoria e successiva: il primo meccanismo di diffusione del sapere è invece quello di ricambiare quanto si è ricevuto ritrasmettendolo ad altri a nostra volta. Il ricevere lezioni, insegnamenti, informazioni, opinioni diverse, non può essere umiliante in quanto tale. Può accadere, daccapo, che le intenzioni di chi ce li trasmette siano piccine o vanitose, o i suoi modi eventualmente antipatici: ma questo non può implicare un rifiuto a priori dell'idea di conoscere nuove cose attraverso ciò che sanno e pensano gli altri. Le cose – e tre! – sono buone o cattive indipendentemente da chi le dice e da come le dice.

Invece, ultimamente, a orientare la nostra disponibilità a confrontarci col sapere e i pensieri altrui è la frase «non accetto lezioni». Nessuno «accetta lezioni», e anzi rivendica fieramente questo rifiuto, questa assurda amputazione di ciò di cui più abbiamo bisogno e che più ci arricchisce: lezioni. In realtà, lo capite, non siamo così stupidi: quello che non accettiamo non è nuovo sapere, nuove informazioni, nuove comprensioni delle cose che ci renderanno migliori (o che ci potremo almeno rivendere al giro successivo). Quello che non accettiamo è che siano «lezioni», e che il nostro riceverle ci ponga in una condizione subordinata rispetto a chi ce le dà: e che ci sembra subordinata in modo insopportabilmente umiliante.[6] Questo ha a che fare con le cose che abbiamo detto finora, ma anche con una grave e recente perdita di rispetto per le qualità altrui e col rifiuto dell'idea che ci possano essere persone più colte di altre, più sagge di altre, più intelligenti di altre, più esperte di altre, e soprattutto più colte, sagge, intelligenti ed esperte di noi.[7] Ma anche, più banalmente, che su ogni tema, ambito o esperienza, le eccellenze siano distribuite dove meno tolleriamo. Il nostro odioso e maleducato vicino di pianerottolo può essere il maggior

---

[6] Disporsi umilmente a imparare ogni cosa è eroico, secondo il professor Randy Pausch. Nel suo libro sulle cose che ha capito nella vita, *L'ultima lezione* (Bur, Milano 2009), racconta esterrefatto del suo incontro con l'attore William Shatner, in visita alla sua università per un libro che stava scrivendo: «Shatner era l'ultimo esempio di un uomo che sapeva di non sapere, era perfettamente disponibile ad ammetterlo, e non se ne sarebbe andato finché non avesse capito. Per me è eroismo. Vorrei che ogni studente avesse questo atteggiamento».

[7] Le rivoluzioni culturali e psicologiche favorite da internet hanno una cospicua parte di responsabilità nella nostra renitenza ad accettare che ci siano saperi e competenze maggiori dei nostri: da oltre un decennio ci viene mostrato ogni giorno che possiamo fare tutto noi, possiamo essere giornalisti, possiamo essere artisti, possiamo essere scrittori, possiamo essere artefici di ogni cosa, creatori di sapere e persino di enciclopedie. Il punto non è se sia vero o no – è vero a volte, con differenti risultati –, il punto è che poi conservare l'idea che ci siano cose che non sappiamo o che altri sanno meglio di noi è molto difficile.

esperto del mondo di solai in legno. La sua opinione sulla trave che ci si è incrinata in salotto non sarà meno fondata perché è odioso e maleducato, e non ci sarà meno utile per questo. Invece l'eccellenza, le piccole e puntuali eccellenze, non sono più premiate e ammirate: sono piuttosto viste con sospetto e scatenano competizione.

Qui c'è un altro gancio, che cito solo di passaggio: quello col discorso già affrontato sulla qualità della classe politica e delle persone che votiamo ed eleggiamo, e sui sentimenti di invidia e disistima con cui accogliamo le esibizioni di qualità e competenza, sentimenti che quindi ci portano a votare persone «normali» e «come noi», anziché uomini e donne più bravi di noi, perché non ammettiamo che lo possano essere. Li preferiamo simpatici e incapaci.

Rivendicare come valore il «non accettare lezioni» è in realtà una dimostrazione di presunzione e limitatezza: se tutti accettassero qualche lezione in più, e se lo avessero fatto in passato, il mondo sarebbe migliore. Se almeno si rendessero conto che non c'è niente di cui vantarsi nel non saper accettare lezioni, il mondo sarebbe un po' migliore. Che i bambini di sei anni, istintivamente competitivi e desiderosi di affermare la propria volontà, vivano come una riduzione di sé l'ascolto di un insegnamento è normale; che lo facciamo in molti adulti – convinti evidentemente che tutto quello che sappiamo lo abbiamo imparato da soli col nostro agile capoccione –

è ridicolo. I dispensatori di lezioni dovrebbero essere i primi a possedere la capacità di riceverne.

Nel luglio 2005 Israele criticò il papa che non lo aveva menzionato in un intervento di solidarietà con gli Stati vittime del terrorismo. Il Vaticano rispose con queste parole: «La Santa Sede non accetta insegnamenti e direttive da altre autorità». E perché no? Ma il paradosso da primato – e la legittimazione definitiva del nuovo motto nazionale – si ottenne in una puntata di *Ballarò* del gennaio 2011, quando fu il ministro dell'Istruzione Mariastella Gelmini, titolare e responsabile del settore statale dell'insegnamento, a ripetere tre volte orgogliosamente a un professore universitario: «Non accettiamo lezioni, non accettiamo lezioni, non accettiamo lezioni!».

In questo discorso sta anche una generale crisi dell'autorevolezza delle istituzioni, di ogni istituzione. Se i politici rubano, se i giornali mentono, se la Chiesa copre i pedofili, se gli scienziati sbagliano, se gli enti preposti al salvataggio della Terra dal riscaldamento globale imbrogliano o fanno casino; se la ricchezza dei nuovi accessi al sapere offerti dalla rete ci rivela che le verità possono essere molte, il declino delle autorità intellettuali e morali è inevitabile. E scatena una deriva catastrofica rispetto a qualunque riferimento, in cui più niente è condiviso, niente è messo stabilmente a verbale, tutto è opinabile e inattendibile. Che lezioni possiamo accettare, quando nessuna lezione è affidabile e quel che pensiamo di sapere ci rassicura più delle mille informazioni che ci passano addosso?

Il confronto delle idee e delle riflessioni è il primo meccanismo di costruzione del sapere e di un'opinione informata sulle cose. Che a loro volta sono ciò su cui si costruisce una società migliore: capire le cose, capire cosa è giusto, di volta in volta, e fare scelte sagge e informate. Ci sono le cose giuste e le cose sbagliate, e bisogna fare quelle giuste. Lo si ottiene solo studiando, accettando lezioni, prendendo ogni informazione come un insegnamento e un pezzo in più del proprio tesoro di conoscenze (anche quando la si scarta o accantona). Questo ci attribuisce una doppia responsabilità, corrispondente al doppio dovere che abbiamo nella vita, il miglioramento di noi stessi e del mondo. La rispiego all'indietro, scusate: il mondo si migliora migliorando noi stessi e gli altri e rendendoci disponibili a essere migliorati da noi stessi e dagli altri. La prima cosa si ottiene diffondendo e offrendo agli altri le cose che sappiamo e che abbiamo capito, in particolare su cosa sia giusto e cosa sia sbagliato e sugli strumenti per capirlo. Impartendo lezioni.[8] La seconda cosa si ottiene simmetrica-

---

[8] Non solo abbiamo difficoltà ad accettare lezioni, ma quando possono essere buone e proficue siamo persino riluttanti a darle. Non sia mai che miglioriamo la vita a qualcuno. L'imprenditore Alessandro Mannarini, intervistato dal «Corriere della Sera» sui festini del suo amico Gianpaolo Tarantini con droga e sfruttamento della prostituzione, rispose candidamente: «L'ho visto fare agli altri ma ciascuno in vacanza fa ciò che vuole. Mica potevo ergermi a moralizzatore».

mente accettando lezioni. È un circolo virtuoso, sempre più frequentemente interrotto dagli atteggiamenti di cui abbiamo detto. E che riguarda in modo uguale – anche il loro rapporto crea un circolo virtuoso o vizioso – la società e noialtri persone da una parte, e la politica dall'altra.

Mi pare che siano due i principali ostacoli alla ricostruzione di questo circolo virtuoso. Uno è quello psicologico di cui ho parlato e che sta dietro alle accuse di snobismo, presunzione di superiorità morale, supponenza, distanza dal «paese reale» che bollano chi prova a migliorarlo, il paese reale, a cominciare da se stesso: come si permette? Chi si crede di essere? Ancora di più se non ha una posizione di potere riconosciuto che lo risparmi dalle suddette domande (siamo conformisti: in competizione con i nostri pari, e discreti con i nostri superiori). L'altro ostacolo è un'intolleranza linguistica. Una riprovazione sociale per alcune parole, che ci acceca sul loro reale significato e valore.[9] Non sopportiamo «lezioni». Non sopportiamo che qualcuno ci «insegni» delle cose. Nessuno si permetta di

---

[9] Richard H. Thaler e Cass R. Sunstein, nel loro popolare saggio *Nudge* (Penguin, Londra 2009), avvertono dall'inizio il lettore di una simile difficoltà linguistica. Chiamano il loro atteggiamento politico «paternalismo libertario», sapendo bene «che i lettori non troveranno questa espressione di loro immediato gradimento», perché entrambi i termini «sono stati presi in ostaggio dai dogmatisti».

«educarci», malgrado educare significhi letteralmente «condurre fuori, quindi liberare, far venire alla luce qualcosa che è nascosto». Se qualcuno mi educa vuol dire che sono maleducato, pensiamo. Se qualcuno mi insegna, vuol dire che sono ignorante. Se qualcuno mi spiega, vuol dire che non ho capito. Sono un imbecille. E la mia insicurezza – che mi suggerisce che lo sia davvero – me lo rende ulteriormente insopportabile. E così rifiutiamo la pedagogia e l'educazione – per il loro suono infantilizzante ai nostri orecchi ignoranti e per il «crinale cagone» – e consentiamo un istupidimento generale, e una rivendicazione dell'ignoranza. Uno spesso strato di insicurezza ci si è incollato intorno e ci fa reagire a ogni cosa col timore dell'effetto che farà sulla nostra immagine agli occhi degli altri. Ogni volta che qualcuno ci riempie il bicchiere ci affrettiamo a cercare giustificazioni per il fatto che fosse vuoto. Viviamo ogni umana mancanza come un pubblico fallimento. Siamo preoccupatissimi dell'effetto che facciamo, e troppo insicuri per far diventare quest'ansia uno stimolo piuttosto che un incentivo alla fuga.

> La nostra capacità di educare si esperimenta realisticamente in noi stessi: educando noi, avremo educato gli altri.
>
> Piero Gobetti, *La rivoluzione liberale*[10]

---

[10] Piero Gobetti, *La rivoluzione liberale. Saggio sulla lotta politica in Italia*, Cappelli, Bologna 1924.

Per finire: tutto questo non si risolve analizzandolo. Analizzare serve a capire, e discutere serve a capire. E capire serve ad affrontare. In questo caso però capire e discutere sono ostacolati dal limite stesso di cui stavamo parlando: l'indisponibilità a capire e discutere. Come si impara ad accettare lezioni, come si accettano lezioni sull'accettare lezioni? Si lavora sulle parole, muovendosi ipocritamente in punta di piedi e usando una correttezza politico-linguistica che eviti termini sensatissimi ma potenzialmente offensivi alle nostre sensibilità?[11] (Come avrete notato, l'ho fatto pavidamente io stesso in diversi punti di questa esposizione, che alcuni troveranno quindi troppo cauta e altri troppo saccente.) A un certo punto dentro *I barbari*, Baricco parla in maniera molto acuta di quanto sia diventata pesante la questione della sensibilità del destinatario rispetto al contenuto delle cose che si dicono, facendo risalire la sua analisi alla lettura di un testo di Goffredo Parise (Ancora! certo che ne disse di cose illuminanti, questo Parise):

> D'improvviso la parola scritta spostava il suo baricentro dalla voce che la pronunciava all'orecchio che l'ascoltava. Per così dire, risaliva in superficie, e andava a cercarsi il

---

[11] Fofi usa questa formula, attenta alle sensibilità e alternativa all'uso di verbi malvisti come «insegnare» ed «educare»: «[L'uomo si aiuta] aiutandolo a tirar fuori da sé la capacità di capire il mondo e di trovarvi un proprio posto, attivo e solidale».

transito del mondo: a costo di perdere, nel commiato dalle sue radici, tutto il suo valore.

La parola scritta a un certo punto è diventata comunicazione dove prima era espressione, dice Baricco. E ne consegue che qualsiasi successivo tentativo di espressione deve oggi fare i conti col fatto che verrà sempre recepito come comunicazione: «Cosa mi stai dicendo?», «Cosa vuoi farmi pensare?», «Dove vai a parare?», «Dove va a parare questo libro?», «Sì, sì, ma quindi?».

E insomma, cosa si fa? Si lavora sulle parole così tanto da far diventare iperespressiva la comunicazione?
Si fa una grande autoanalisi collettiva?
Si rinuncia?

8

Lo faccio per me

Stiamo diventando, tutti, meri registratori di una realtà a volte passabile, a volte orrenda, che comunque sovrasta la nostra speranza di mutamento, ed è già tanto se ci concede ancora libertà di giudizio e di critica. La rassegnazione (e la fuga...) sono i sentimenti dominanti di fronte a meccanismi sociali che, per la prima volta da quando siamo al mondo, ci paiono così potenti da essere immodificabili. Traducendo in politica, la frustrazione della sinistra è molto di più di una somma di sconfitte: è il timore che il campionato sia finito.

Michele Serra[1]

No che non si rinuncia. «Da un grande potere derivano grandi responsabilità» dice l'Uomo Ragno, e l'indifferenza a questa lezione copre di vergogna una grande parte dei poteri politici, culturali e intellettuali italiani degli ultimi decenni. Ma è una lezione che implica anche che esistano responsabilità meno grandi: grandicelle, cospicue, medie, piccole. «Per quanto voi vi crediate assolti siete lo stesso coinvolti»[2] è un modo colpevolizzante di metterla, ma la verità è che il miglioramento del mondo passa per la responsabilizzazione e l'impegno di tutti, ognuno secondo i suoi

---

[1] Michele Serra, «la Repubblica», 3 settembre 2008.
[2] «Dovremmo avere un po' più chiaro che cosa stiamo seminando, su quale analisi e con quale obiettivo, qual è il metodo di lavoro e, ancora, il rapporto che si vuole stabilire tra fini e mezzi, anche nella dimensione piccola della propria singola esperienza, del proprio specifico impegno. Sono scelte che ciascuno deve compiere per sé, oggi non c'è possibilità di delega, la delega deve finire» (Goffredo Fofi, *La vocazione minoritaria*, cit.).

ruoli e le sue possibilità: la delega, vissuta spesso dal delegante come una magnanima elargizione, rischia di diventare un alibi per la pigrizia e l'egoismo. «Ti ho votato, adesso il mondo lo cambi tu.» Invece dovrebbe essere «Ti ho votato, e adesso cambiamo il mondo».[3]

> Per riparlare di sinistra bisogna farsi delle domande sul senso della vita.
>
> Michele Dalai e Gennaro Migliore[4]

Non ho parlato davvero di politica, in questo libro. O meglio, credo di averne parlato moltissimo: della politica vera, quella che passa per le intelligenze, per le responsabilità, per la limitazione delle proprie vanità e ambizioni egoiste, per il comportarsi bene in ogni cosa che si fa. Un impiegato delle Poste che allo sportello si fa in quattro per aiutare i clienti ed essere gentile con loro fa un lavoro politico straordinario, assai superiore a quello di molti amministratori pubblici e deputati. Un giornalista che abbia

---

[3] «L'Italia non è incattivita. È come è sempre stata. Profondamente naturale, avrebbe detto Ennio Flaiano, e gli animali assalgono il più debole, i vecchi, gli isolati, quelli che non hanno la forza per difendersi o non l'hanno mai avuta. Toccherebbe alla politica "civilizzarla", ma la nostra mediocre politica, inconsapevole anche del male che incarna e dell'arretratezza che rappresenta, è parte del problema. Non è purtroppo la soluzione» (Giuseppe D'Avanzo, «la Repubblica», 15 aprile 2007).
[4] Michele Dalai e Gennaro Migliore, *È facile smettere di perdere se sai come farlo,* Ponte alle Grazie, Milano 2009.

ancora un'etica e un senso della qualità pedagogica di ciò che fa cambia il mondo. Ne cambia un pezzetto, intanto che gli altri se ne fregano. E di certo non lo cambia il suo collega che scrive solo e sempre del fatto che gli altri se ne freghino. Chi fa l'informazione (i direttori dei giornali prima ancora dei giornalisti) ha responsabilità nella catastrofe italiana seconde di pochissimo a quelle di chi fa politica: ha in mano un mezzo formidabile di educazione e lo butta in marchette, terrorismo, sensazionalismo e pessimo esempio, nascondendosi dietro l'argomento dello spacciatore: «Do solo loro ciò che vogliono». Ma questo è un altro libro.

Dicevo che non ho parlato della politica italiana nel senso dei partiti e dei politici, e quelle cose lì, che sono invece per l'abitudine di un pensiero pigro i luoghi da cui partire per cambiare le cose. Quando qualcosa va male, in Italia, ci si rivolge ai politici. Si delega. Ma in Italia, i politici e i partiti *sono* la cosa che va male. La delega è buona quando il delegato funziona. Ho superato da un po' l'imbarazzo di dire cose dal suono qualunquista: la palese mediocrità umana della nostra classe politica non può essere ignorata dall'analisi per timore di suonare qualunquisti. Qualche anno fa, a un dibattito che facemmo assieme, Lorenzo Cherubini raccontò dello stesso imbarazzo. Stava guardando il telegiornale e di fronte al solito «panino» di dichiarazioni politiche di ogni schieramento si trovò a dire ad alta voce: «Sono tutti uguali». E subito dopo, realizzando: «Oddio, che ho detto!».

Però è così. Non credo sia vero che «tanto rubano tutti», o magari tra qualche anno abbasserò le resistenze pure su quel cliché lì. Ma alla prova dei fatti, il tasso di inettitudine, ottusità, miseria umana e cialtroneria tra le classi politiche italiane è altissimo e indistinguibile da quello che circola per strada.[5] I pochi leader che per cultura ed esperienza e intelligenza si eleverebbero sopra gli altri, sono completamente rincoglioniti dalla mediocrità del sistema in cui vivono da decenni. Non hanno più nessuna percezione del mondo, del tempo, e delle chance di migliorare le cose. Hanno perso completamente il contatto col fatto

---

[5] Corollario della «normalizzazione» antielitista delle classi dirigenti è la pretesa vittimistica che siano loro riconosciute anche tutte le debolezze, capricci e necessità dei cittadini qualunque. Per esempio quando si pretende di assolvere giudici e magistrati che rilasciano sventate interviste o dichiarazioni e si difendono dicendo di avere il diritto a esprimere le loro opinioni, «come tutti i cittadini». Dimentichi della straordinarietà che certi impegni impongono (se si vuole intraprenderli: altrimenti si può fare il cartolaio). Al generale Nobile nel film *La tenda rossa*, Amundsen (Sean Connery; Nobile è Peter Finch) ricorda l'errore di essersi lasciato irretire dall'umano desiderio di un bagno caldo: «Quando si assume il comando si rinuncia al diritto di essere umano. Un capo non dovrebbe mai dimenticarlo». Nel giugno del 2007 invece alcuni senatori tra cui Rocco Buttiglione presentarono al Senato la seguente richiesta: «Ci rivolgiamo a voi con una richiesta di miglioramento della qualità della vita in Senato. La buvette non è provvista di gelati. Noi pensiamo che sarebbe utile che lo fosse e siamo certi di interpretare in questo il desiderio di molti. È possibile provvedere? Si tratterebbe di adeguare i servizi del Senato alle esigenze della normale vita quotidiana delle persone. In attesa di riscontro, porgiamo cordiali saluti».

che da grandi poteri derivino grandi responsabilità e vivacchiano convinti che il loro lavoro non sia diverso da quello di un bancario o di un cartolaio.[6] Non ce la possono più fare, semplicemente. Altro che Barack Obama.

> E invece pensare è un gesto che non può farsi dare il calendario dalla politica. Quando cerchiamo di abbozzare idee formate, schizzare modelli alternativi, immaginare soluzioni inedite, stiamo facendo un gesto lungo, sporto nel futuro: stiamo cercando di arrivare puntuali a un appuntamento che avremo tra anni: non domani, non alla prossima riunione sindacale, non alla prossima seduta della Commissione parlamentare, non alle prossime elezioni.
>
> Per quello c'è la politica.
>
> Ma riflettere, è un'altra cosa. Una cosa che non dobbiamo temere, anche quando strategicamente è scomoda. Un compito per cui nessun giorno è sbagliato.
>
> Alessandro Baricco, «la Repubblica», 4 marzo 2009

C'è una sola cosa su cui non sono d'accordo con queste parole. Io credo che «riflettere» e tutto il resto siano compiti della politica: magari non se ne occupino

---

[6] «L'azione del popolo, nel momento storico presente può svolgersi soltanto secondo gli indirizzi di un programma massimo, una concezione della vita e della realtà elaborata come mito suscitatore di opere, e l'interesse verso le riforme pratiche deve rimanere un interesse di ordine amministrativo, un provvedimento tattico per superare ostacoli contingenti» (Piero Gobetti, *La rivoluzione liberale*, cit.).

gli stessi che seguono le Commissioni parlamentari o le campagne elettorali. Ma la politica non può essere un terreno diverso rispetto agli «appuntamenti che avremo tra anni». La politica è pensare.

Nella politica italiana, solo un ricambio energico e fruttuoso può cambiare le cose, ed è difficilissimo da ottenere. Quando sembra possibile se non altro per ragioni di mortalità della razza umana, si rivela in realtà un ricambio illusorio: più giovani mediocrità sostituiscono le vecchie, definite dai processi psicologici e culturali che abbiamo analizzato fino a ora. La politica non è una strada per menti brillanti e ambiziose, creative o generose. Le fatiche, delusioni e frustrazioni che infligge sono imparagonabili alle soddisfazioni che per altre vie questi tempi offrono a qualunque giovane intenda fare cose belle e proficue per sé e per il mondo. Se sei intelligente e hai voglia di spenderti, oggi fai altro – mille cose possibili – ma non la politica. E si tratta di un *altro* che può davvero migliorare la vita delle persone e la propria, nei campi più diversi. Ma resta il problema: la politica di professione chi la fa? È diventata come il servizio militare qualche tempo fa, che era costretto a farlo solo chi non aveva i mezzi per fare altro. E, come tutto quello che funziona male in Italia, è un cane che si morde la coda: la politica non torna a essere attraente e stimolante se non ritrova il suo potenziale di efficacia e la sua vocazione a costruire buone cose. Ma non li ritrova se a praticarla non ci sono persone attive e volenterose in questa ricerca. Questo circolo vizioso si sblocca solo introducendovi degli elementi di straordinarietà – che in giro ci sono – ovvero alcuni giovani (col metro dell'oggi) capaci e appassionati che comincino a scardinarlo non pensando solo di mettere una pezza sul domani e sul dopodomani, ma anche di poter abitare un grande paese, tra vent'anni. E lo si sblocca cambiando il modo di pensare intorno alla politica, prima ancora che nella politica.[7] Lo si sblocca facendo del ricambio non un superficiale «fuori questi, dentro i prossimi» e nemmeno un generico modo di abbassare l'età media delle classi dirigenti, che pure conterrebbe di per sé moderate ragioni di speranza. Il ricambio che serve è un ricambio delle teste, un nuovo pensiero che riallinei l'idea dell'Italia a quella che i cittadini delle altre grandi democrazie hanno del loro paese. Che superi l'abitudine consolatoria e autoassolutoria a dirsi «gli italiani sono fatti così», che abbia come priorità la costruzione di una paglia democratica, moderna, laica e in cui le cose funzionino come devono e le regole siano rispettate. Il ricambio è quella cosa per cui chi fa politica si dispone a grossi sacrifici con senso

---

[7] Il 12 marzo 2010, sulla sua pagina di Facebook dove comunicava gli appuntamenti e le tappe della campagna elettorale per le elezioni regionali, il deputato ligure del Popolo della Libertà Michele Scandroglio scrisse su di sé il seguente aggiornamento: «Michele Scandroglio ad una (*sic*) bella spiaggia con sole e tante belle signorine che mi fanno vento e mi illuminano la vista perché fare il parlamentare è troppo pesante per il mio fisico».

di responsabilità e sa che il suo mestiere è fare le cose
giuste, e farle tutte. Non c'è bisogno di essere giovani,
per questo; e spesso non basta essere giovani. Ma di
certo i non giovani che gestiscono la politica in Italia
non hanno questi pensieri.[8] Non li hanno. Una politica
mediocre è figlia di un pensiero mediocre. È figlia di
un paese mediocre, senza orgoglio, egoista, insicuro e
vanitoso: che non accetta lezioni.

Questo è ancora il limpido Fofi, in un articolo
sull'«Unità» del 19 settembre 2010:

> La zona grigia andrebbe svegliata e recuperata a una cul-
> tura di sinistra. Ma se questa cultura è morta e sepolta?
> Non resta allora che attendere che si svegli da sola, o che
> ci siano piccole minoranze che sanno rivolgersi ai meno
> drogati e anestetizzati al suo interno. Per esempio, ai più
> giovani, e il «progetto pedagogico» di questi pochi refrat-
> tari e non-accettanti dovrebbe essere quello di strappare
> alla maggioranza sonnambula almeno una parte dei loro
> figli e nipoti. Ovviamente, pensando e studiando, per pro-
> porre un'idea adeguata del mondo e del futuro, che vuol

---

[8] «Nelle elezioni del 2008, pur perdendo contro Berlusconi, Veltroni con-
dusse il Pd oltre il 32 per cento dei consensi elettorali, un risultato straordinario rispetto ai sondaggi di oggi» (Michele Salvati, *Perché il Lingotto
2 può dare una scossa*, «Corriere della Sera», 24 gennaio 2011). Naturalmente in quella campagna non sono mancati gli sbagli, e anche grossi,
a cominciare dall'encomiabile progetto di «correre da soli» contraddetto
dall'alleanza col più infingardo degli alleati, il partito di Antonio Di Pietro.
E sul piano dei contenuti, la pretesa di tenere dentro tutto e tutti ha gen-
erato equilibrismi e vuoti spesso ridicoli e deprimenti. Ma qui parlo del
progetto ideale e della sua comunicazione.

dire ricostruendo un corpo di idee di sinistra, il che avverrà solo se si rinuncerà a piacere alla massa e si accetterà anzi di dispiacerla per lungo tempo. Indicare il vero e il giusto, in particolare in Italia dopo trent'anni di cedimenti e corruzioni d'ogni tipo, non sarà facile, e non porterà per lungo tempo molto «consenso».

Per questi motivi, la campagna elettorale di Walter Veltroni del 2008 è stato un evento unico ed esemplare di due considerazioni contraddittorie tra loro. Quella campagna è stata la cosa più vicina a un progetto politico nuovo e promettente che l'Italia abbia mai avuto: era mossa dall'idea che questo paese andasse ricostruito e che a sinistra ci fossero ancora le forze e le intenzioni per farlo. Che un progetto politico dovesse guardare lontano e avere un'idea del futuro e dell'Italia, non solo superare vittorioso il voto. Aveva alla sua guida il leader che in quel periodo più di ogni altro in Italia sintetizzava visione, intelligenza, e presentabilità politica e umana. Un ottimo candidato, realisticamente, e un progetto non di corto respiro: tant'è vero che quella campagna – conclusasi con una sconfitta inevitabile – fu per quel contesto una vittoria.[9] Quel tentativo, piacessero o no

---

[9] «Il Pd è un partito popolare, senza snobismi, che va dove c'è la gente. Dove la gente ha dei problemi e soffre, ma anche dove si diverte.» Con questo annuncio Pierluigi Bersani è andato al Festival di Sanremo del 2010. I responsabili della comunicazione del Pd hanno aggiunto che il segretario avrebbe avuto modo di parlare di giovani con i giovani, ignari del fatto che Sanremo è oggi piuttosto un luogo privilegiato per parlare con gli anziani.

i suoi contenuti di merito, ha dimostrato che «si può fare», una volta trovata la persona capace di provarci e con gli attributi giusti. Il problema è però che persino quella persona – non era capace abbastanza? – ha fallito spettacolarmente la costruzione delle tappe successive di quel progetto, che si reggeva in gran parte sul suo carisma e sulla sua forza. Che sono svaniti all'indomani delle elezioni, evaporati, lasciando il progetto in balìa dei difetti e delle paludi da cui era nato. E quindi quel tentativo ha dimostrato anche che «non si può fare»? Quanto è cieca e sventata la disillusa speranza che quel meccanismo possibile possa ricrearsi una volta preso in mano da qualcuno più bravo di Walter Veltroni?

C'è in giro a questo proposito un'altra ipocrisia linguistico-politica, che produce espressioni come «non contano gli uomini, contano i programmi», «non concentriamoci sui leader», «non abbiamo bisogno di un Messia» eccetera. La diffidenza invidiosa e competitiva nei confronti delle capacità altrui e della straordinarietà eventuale di alcune figure ricatta ogni progetto che si affidi invece all'idea che «gli uomini contano», che contano le teste, contano le generosità e le competenze e il senso di responsabilità: e questi non sono in vendita al supermercato, e non discendono dai programmi, casomai il contrario. Stanno nelle persone, stanno negli uomini e nelle donne, che diventano leader per questo: e non è fingendo che queste qualità da leader ce le abbiano tutti in ugual misura che ricompenseremo coloro che le posseggono di meno, in un ridicolo egualitarismo coi sensi di colpa. Continuiamo a rispettare e a ripetere un'espressione di lealtà e correttezza come «vinca il migliore», ma non consentiamo che possa esistere un migliore quando si tratta di gestione dei destini pubblici. Non siamo disposti a riconoscere che la democrazia garantisce la vittoria del migliore solo se si accompagna alla pedagogia, come diceva Parise, ovvero alla scelta informata: altrimenti è come cronometrare una gara con gli orologi rotti. I grandi cambiamenti li hanno suscitati persone speciali quando non hanno avuto codardie o paure, come quelle che oggi travolgono i potenziali di leader contemporanei e futuri e lasciano il campo a chi non teme l'esibizione vanitosa e spaccona di sé. Un «messia» è un'ottima cosa, e ne avremmo un gran bisogno: l'ultima volta che ne è venuto uno vero ci ha insegnato un sacco di cose, e se non arrivava lui quelle cose mica le imparavamo e le costruivamo da soli dando retta a san Tommaso. Un leader vero, una persona che guidi un progetto, che ne sia il comunicatore convincente, che se ne faccia modello, è un dono benedetto per qualunque causa.

Fanno paura questi allegri paragoni sacri? Torniamo sulla terra, e immaginiamo che qualcuno avesse detto a Martin Luther King, a Gorbaciov, a Gandhi, a Barack Obama: «Non abbiamo bisogno di un messia» e li avesse convinti ad appoggiare invece i punti di una piattaforma condivisa, in nome di un percorso di concretezza che attraverso successivi compromessi e pragmatismi avrebbe permesso di ottenere dei bus solo per i neri ma più comodi, o un sistema sovietico più aperto, alla cinese, o un protettorato inglese sull'India, o una presidenza Hillary Clinton ma con «il primo vicepresidente nero degli Stati Uniti». Certo, poi un leader bisogna anche trovarlo: o almeno qualcosa che gli somigli rispetto alle necessità. E se pensiamo che quel tipo di leader non possa più esistere, o non qui, allora quello che dobbiamo cercare è solo, pragmaticamente, un candidato che abbia un progetto convincente e che abbia chance di realizzarlo, altro che Messia. Abbiamo bisogno o no di qualcuno bravo che ci aiuti a cambiare le cose?

Torniamo alla differenza tra elitista ed elitario: è importante. È una differenza che i benaltristi, i politologi da divano, coloro che esistono in quanto distruggono vogliono ignorare: e avrebbero accusato Mandela di essere uno che se la tirava e Martin Luther King di «non sporcarsi le mani».

Ma la questione dello sporcarsi le mani esiste, e ha un senso, se si distingue come al solito l'uso gratuito e generico dell'espressione dai suoi significati. Quella di sporcarsi le mani è una richiesta legittima che chi vuole lavorare a migliorare l'Italia deve tollerare, a patto che non gli siano dettate strumentalmente anche le modalità di questo sporcarsi le mani: la sporcizia si annida in molti luoghi e ha molte nature diverse. Continuare a pensare l'Italia come un paese di casalinghe di Voghera con cui entrare in contatto prioritariamente non è un approccio particolarmente attento ai tempi e al mondo in cui stiamo. Né lo è individuare i programmi tv di riconciliazione familiare o il Festival di Sanremo come luoghi privilegiati della comunicazione con le masse.[10] L'Italia è diventata un posto più complesso e moderno dell'idea ruvida di maniscalchi e mondine che l'espressione «stare sul territorio» tuttora suggerisce alla comunicazione politica. Ci si sporca le mani lavorando in molti luoghi e in molti modi per fare di questo paese un posto migliore e di cui andare fieri, e la foga anti-intellettuale non può trattare come elitari gli impegni che lavorano per costruire opinioni più informate e moderne, sensibilità più attente ai diritti, competenze e creatività di avanguardia. Chi avrà progettato un sistema scolastico e universitario che consenta un giorno all'Italia di andare fiera di quel che vi viene prodotto, si sarà sporcato le mani un bel po', avesse anche «soltanto» descritto con chiarezza le tappe di quel progetto. Per fare un esempio. L'an-

---

[10] «Il nobile appellativo di "dissidenti" deve essere guadagnato piuttosto che proclamato; esso connota sacrificio e rischio, e non semplicemente disaccordo, ed è stato consacrato da tanti uomini e donne esemplari e coraggiosi» (Christopher Hitchens, *Consigli a un giovane ribelle*, cit.).

tielitismo ormai alligna talmente anche a sinistra da farla vergognare del proprio repertorio di produzione di idee, cultura, visione, nel tentativo di ritrovare il fatidico «contatto col territorio» individuato in vetusti cliché di volantinaggi in provincia piuttosto che nel cercare soluzioni ai problemi.

Però, dicevo, è vero che esiste un mondo colpevole di non sporcarsi le mani: mondo a cui appartiene chi avrebbe gli strumenti per costruire qualcosa di buono per l'Italia. Ci stanno dentro le succitate categorie di pigri demolitori degli sforzi altrui: per molti di noi è immensamente più facile sentirci partecipi e responsabili delle sorti del nostro paese limitandoci a dire cosa va bene e – soprattutto – cosa va male, sia nello status quo che nelle proposte di modifica dello status quo. E benché per molti questa funzione critica si esplichi sulla base di competenze e analisi articolate, e a volte sia del tutto fondata, essa diventa anche un alibi per sottrarsi a qualunque sforzo costruttivo. Non parlo poi dei benaltristi, quelli per cui ogni proposta è insufficiente, «ben altro ci vorrebbe», e in assenza di soluzioni perfette affondano dalle loro tastiere tutte le soluzioni perfettibili o parziali tra un download di telefilm e l'altro.

E poi ci sono le minoranze col vezzo della minoranza. Quelli legittimati – la storia lo giudicherà per questo – dal personaggio di Nanni Moretti che rivendica il proprio elitarismo, fingendo di soffrirne:

Sa cosa stavo pensando? Io stavo pensando una cosa molto triste, cioè che io, anche in una società più decente di questa, mi troverò sempre con una minoranza di persone. Ma non nel senso di quei film dove c'è un uomo e una donna che si odiano, si sbranano su un'isola deserta perché il regista non crede nelle persone. Io credo nelle persone, però non credo nella maggioranza delle persone. Mi sa che mi troverò sempre a mio agio e d'accordo con una minoranza... e quindi...[11]

La rassicurazione dell'essere minoranza, così popolare in questi decenni[12] e così complice dell'incapacità della sinistra di diventare maggioranza, fa solo apparentemente a pugni con l'antielitismo. C'è un tipo di antielitista infastidito non dalle élite in sé ma dal suo non appartenervi: l'antielitismo è per lui un modo di annullare le differenze di qualità che lo umiliano, e trovare in meccanismi accessibili la costruzione di una propria individualità e superiorità. Ma è vero che il privato e bisbigliato compiacimento della minoranza ha preso il posto dell'ambizioso senso di responsabilità soprattutto tra le élite po-

---

[11] *Caro Diario*, 1993.

[12] «Sono lobby di paese o di mestiere o di gusti, ciascuna con il suo egoismo e con il suo "particolare", ciascuna organizzata in una sua piccola o grande lega che alla collettività offre solo le proprie rivendicazioni, senza però nessuna preoccupazione di agire su di essa per riformarla. E si può arrivare a prendere facilmente gusto a sentirsi minoranza oppressa e a pretendere, per questo, attenzione e riconoscimenti» (Goffredo Fofi, *La vocazione minoritaria*, cit.).

tenziali, tra chi è in grado di capire la catastrofe culturale e sociale di questo paese ma non ha il coraggio o gli strumenti per rendere il suo sentimento più diffuso, condiviso. Non essere capaci di diventare maggioranza – un fallimento, una sconfitta: niente di cui andar fieri – è così strumentalmente trasformato in una vezzosa rivendicazione, in una diversità rassicurante per sé e imbarazzante per tutti quanti. Certo che la minoranza ha «un valore in sé», come dice Fofi: è il contrappeso delle maggioranze nelle società che funzionano male o che prendono brutte pieghe. Ma è un contrappeso che deve avere l'ambizione e l'obiettivo di sbilanciare l'equilibrio e diventare maggioranza. E che gli altri abbiano capito meno cose di noi è un pensiero che è lecito avere: a volte avviene, inevitabilmente. Ma non essere in grado di spiegargliele, quelle cose, non saper travasare dalla propria parte pezzi della maggioranza, è un limite che non può essere eluso e giustificato in alcun modo: questo sì che è umiliante, e rende allora maggioranza nel modo peggiore. Una maggioranza di conformisti dell'anticonformismo, di presunte minoranze, di individui incapaci di far valere le proprie ragioni che fingono di occuparsi d'altro.

Il 25 agosto del 2009 sul «Riformista» uscì un editoriale del direttore Antonio Polito che riassumeva una recente tendenza psicopolitica molto interessan-

te in termini di pronomi personali. Ne incollo un bel
po', che serve:[13]

> Il pensiero liberale – e dunque anche quello della sini-
> stra liberale di origine non marxista, che esiste eccome in
> Europa e nel mondo – ha come categoria fondante
> l'«Io». L'individuo, o la persona se preferite. La sua
> realizzazione, il suo successo, il suo progetto di vita, la
> sua grinta nel perseguirlo: la sua felicità, per dirla con
> la Costituzione americana. Cercando di promuovere se
> stesso, l'Io sviluppa quella forza motrice che migliora
> anche la società in cui vive. Esercitando appieno la sua
> libertà, l'Io accresce il benessere e la libertà di tutti. Per
> Margaret Thatcher, non esisteva «una cosa chiamata
> società», ma solo gli individui. Per Tony Blair, invece,
> la società esiste; ma solo gli individui, con la loro azio-
> ne, possono renderla migliore, non certo quell'entità
> astratta, occhiuta e spesso inefficiente che è lo Stato.
> La sinistra liberale sa che lo Stato non è la soluzione
> dei problemi degli individui, ma spesso è il problema.
> Pensa che siano gli individui a sapere che cosa è meglio
> per loro, e se lasciati liberi di prosperare l'intera società
> ne trae profitto. Sostiene che lo Stato deve intervenire
> per rimuovere gli ostacoli al successo individuale (Co-
> stituzione italiana) e per tendere una rete di protezione
> a vantaggio di coloro che, in questa scalata, non ce la
> fanno. Invece, per il pensiero solidaristico, sia marxista
> che cattolico, il soggetto della Storia, e dunque del pro-

---

[13] Ho tagliuzzato via le parti dell'articolo di Polito che citavano i due inattuali
interventi di Prodi e Veltroni da cui il suo ragionamento prendeva le mosse.

gresso, è il Noi. I grandi movimenti collettivi, le masse organizzate, il popolo del Novecento. Del quale si presume la volontà generale, che lo Stato è chiamato a interpretare e realizzare. Quando Veltroni condanna «l'egoismo e l'individualismo» come mali della società italiana contemporanea anche peggiori di Silvio Berlusconi medesimo, ci indica implicitamente come virtù i loro opposti. L'opposto di egoismo è «altruismo»; l'opposto di individualismo è «collettivismo». Il punto è che altruismo e collettivismo non sono più, almeno dagli anni Ottanta, concetti politici spendibili nelle moderne società del benessere. Hanno fatto il loro tempo nella grande stagione dell'età dell'oro socialdemocratica, dalla fine del conflitto mondiale fino allo shock inflazionistico degli anni Settanta. La gente aveva allora un ricordo ancora così forte della sofferenza e dei rischi comuni della guerra da accettare lo scambio tra minori possibilità di successo individuale e maggiori assicurazioni e protezioni collettive. Dalla fine degli anni Settanta in poi, non è più così.

Pausa. Domanda: è vero che è così? È vero che nei nostri tempi l'altruismo non è più «un concetto politico spendibile», che detto in soldoni significa che non siamo più altruisti abbastanza perché l'amore per il prossimo e la solidarietà con chi soffre possano essere stimolo e motore per un impegno politico e sociale proficuo e benintenzionato? Per la costruzione di un paese migliore? È un domandone, perché se è così vuol dire che l'eventuale obiettivo del miglioramento del nostro paese, per esempio, non sarebbe più un mezzo per ottenere il bene comune, ma sarebbe raggiungibile solo in virtù di altre attrattive: il bene individuale, forse, oppure una sorta di senso del giusto e dell'efficiente che prescinde dai destinatari di giustizia ed efficienza, o il rispetto e l'orgoglio di sé e del proprio senso nel mondo. Le parole di Friedman, le parole di mio padre, le parole di mia madre:

«Noi siamo i buoni, vediamo di dimostrarlo.»

«Ci sono le cose giuste e le cose sbagliate. E bisogna fare quelle giuste.»

«Comportatevi bene.»

Se vogliamo capire cosa può spingerci a lavorare in qualche direzione nei prossimi anni, la questione è rilevanticchia. Concludiamo con Polito:

Questa nostalgia del Noi non solo è inattuale, perché non corrisponde più alla società italiana di oggi. È anche pericolosa. Per due ragioni. La prima è che se una politica di progresso è giudicata impossibile in presenza di egoismo e individualismo così diffusi, non c'è niente da fare se non aspettare una palingenesi culturale e antropologica. E, a quel punto, effettivamente romanzi e articoli servono più della politica. La seconda ragione è che ogni volta che si esalta un Noi, si indica implicitamente anche un Voi. E quel Noi generico e aulico diventa allora un noi-noi, la nostra parte politica, quelli che la pensano come me, la nobile minoranza che condivide la mia stessa nostalgia. Mentre voi, gli altri, la maggioranza che state dall'altra parte, siete ciò

che impedisce a noi, i migliori, di trionfare. Il che equivale
– se mi si passa la battuta – alla più perfetta delle vocazioni
minoritarie.

Qui il direttore del «Riformista» si fa prendere la mano. Non è infatti vero che il pensare a un Noi implica inevitabilmente una vocazione minoritaria (a meno di non volersi sempre sentire minoranza): sono le dimensioni di quel Noi a dire se la vocazione è minoritaria o maggioritaria, e soprattutto le dimensioni che a quel Noi vogliamo dare. Come abbiamo detto prima, una minoranza è nobile e sincera nelle sue idee se ha come obiettivo di farle diventare maggioritarie. Prendete gli utenti dei prodotti Apple: soprattutto prima dell'avvento di iPhone erano una nicchia esigua – neanche il 3 per cento del mercato – di appassionati cultori delle meraviglie prodotte da Steve Jobs che della loro anomalia controcorrente andavano fieri e guardavano con sospetto e aggressività ogni avvicinamento al mainstream e alle aziende concorrenti da parte di Apple stessa. Non rendendosi conto che l'unico vero difetto dei suoi prodotti era la loro limitata diffusione in molti ambiti e contesti che a sua volta generava delle inadeguatezze e diffidenze rispetto ad alcune compatibilità, servizi, versatilità. Una vera vocazione minoritaria, così insistente che i dirigenti di Apple devono tuttora farci i conti, come leader politici di sinistra che temano di perdere l'appoggio della sinistra radicale se diventano forza di governo. Ma se gli equilibri di mercato possono legittimare persino una scelta minoritaria rispetto ai rischi di crescite ingestibili (che però Apple ha mostrato ampiamente di voler superare con le recenti espansioni), nel caso della politica l'obiettivo non può mai essere limitato alla sopravvivenza della propria forza. A un certo punto o la va o la spacca: far diventare prevalenti e attuare le proprie idee – avendocele: ricordiamoci dell'esistenza di forze politiche perennemente minoritarie in Italia – è la priorità, subito dopo la costruzione di quelle idee. La costruzione di un Noi non è quindi di per sé perdente: però può darsi sia inattuale. Può darsi che dell'individualismo di questi decenni – buono o cattivo che sia – ci si debba fare una ragione trovando dei modi per convertirlo a buone cause, ovvero cause che siano soddisfacenti per tutti gli altri Io in circolazione.

Torniamo alla solidarietà, o amore per il prossimo, o vicinanza agli oppressi, o come la vogliamo chiamare a seconda di dove arriviamo. Che essa sia raramente totale, innata e prevalente su ogni nostro egoismo l'abbiamo già detto, citando la solita biblica eccezione a noi più familiare. Ma è stata ed è tuttora la ragione di impegni e risultati di grande generosità e supplenti di gravi mancanze istituzionali.

Però è vero che la nostra istintiva simpatia per gli altri e per le loro sorti, se non è diminuita, ha molto ridotto la sua incidenza nella costruzione di progetti e iniziative di ampio respiro. Come ho detto, Fofi prova ad aggiornare la categoria degli oppressi, che nel nostro mondo ricco e soddisfatto prendono la forma degli oppressi da modelli e informazioni vacui, immorali e degradanti. Ma stiamo confrontando coloro a cui le nostre società negano la capacità di scelta e coloro il cui stato di sofferenza è più immediatamente percepibile e la richiesta di aiuto più ineludibile: non è la stessa cosa, non sono gli stessi oppressi. Un conto è essere mossi a generosa battaglia in favore di emarginati ridotti in sofferenza fisica e umiliazione psicologica, più difficile è provare empatia per classi sociali ridotte in schiavitù dalle mutande di Dolce e Gabbana, da *Amici* di Maria De Filippi o dalle tariffe promozionali degli sms, ma per niente intenzionate a essere salvate e aiutate. La demagogia ha una diabolica potenza, non solo retorica: se tutto ci dice che il derby è l'evento più importante della nostra vita, sarà impossibile per chiunque aiutarci a fare una scelta consapevole tra un anno di trasferte e una laurea in ingegneria. E a quel chiunque passerà anche la voglia. Insomma, un po' per mutazione degli oppressi e un po' per mutazione dei solidali, è probabilmente vero che l'altruismo non è più in grado di essere il travolgente motore di nuovi progetti di impegno sociale e politico e di riscatto culturale.

In un libro del 2010,[14] Jacques Attali suggeriva alcune possibili vie d'uscita alla crisi economica declinate sui comportamenti individuali:

> Costui saprà che la sopravvivenza non implica per forza la necessità di aspettare questa o quella riforma generale, quella grazia o quel salvatore; che non esige la distruzione degli altri, ma soprattutto la costruzione di sé e l'attenta ricerca di alleati; che non risiede in un ottimismo illimitato, ma in un'estrema chiarezza in relazione a se stessi, in un desiderio selvaggio di trovare la propria ragion d'essere; la quale non è da costruire soltanto nel singolo momento, ma anche sul lungo periodo; la quale non è finalizzata alla conservazione di ciò che si è acquisito, ma può riguardare il superamento dell'ordine attuale; la quale non si limita soltanto a mantenere l'unità del proprio io, ma esige di prevedere tutte le possibili diversità. Per arrivare a questo punto, costoro dovranno cominciare un lungo apprendistato relativo al controllo del sé, a cui nulla, per il momento, li prepara.

Proseguendo, Attali esponeva una serie di atteggiamenti da prendere in considerazione a questo scopo, alcuni dei quali condivisibili fino a essere generici e banali. Ma a un certo punto parlava anche di «praticare un altruismo interessato». Che è un concetto molto affascinante e proficuo, una prospettiva di compromesso tra le insuperabili necessità di affermazione e

---

[14] Jacques Attali, *Sopravvivere alla crisi*, Fazi, Roma 2010.

soddisfazione di sé proprie di questi tempi e l'investimento di sé nel miglioramento del mondo. Attali parla anche di «attenta ricerca di alleati»: e non sono sicuro sia quello che intende lui, ma anche questo è uno spunto da riprendere, quello della costruzione di un ambito di riferimento da sentire «il proprio prossimo» e con cui condividere progetti e ambizioni e farli crescere, facendo crescere anche quello stesso ambito. Ricapitolo:

1. Un altruismo generoso, complice e promettente con «il mio prossimo» che riconosco come tale, che mi somiglia, che mi è alleato e socio. Le persone con cui condivido affetti, comprensioni, letture del mondo e con cui è possibile costruire qualcosa, a cominciare da un allargamento progressivo di questa forza.

2. Un altruismo interessato nei confronti di tutti gli altri, dettato dalle necessità della convivenza e dall'umano bisogno di dare un senso e una soddisfazione alla propria esistenza.

> La democrazia di una società complessa si articola nella concorrenza di diverse proposte egemoniche. Sono le élite ad avere la capacità, e il dovere, di esercitare consapevolmente le virtù sociali e politiche, di esserne l'esempio concreto. Infatti, i loro membri sono sì orientati al successo, ma anche alla lungimiranza, alla disciplina, al differimento dell'utile, al merito, al decoro, all'efficienza: non per amore della virtù, ma per legittimare le proprie pretese. La loro

deontologia – l'insieme dei doveri di ciascuno verso la professione, verso se stesso e verso i pari – è la loro morale civile: è l'assunzione di responsabilità, fondata sul rigore e sul merito, verso la società intera.

In questo bell'articolo su «Repubblica»[15] Carlo Galli parlava del «cinismo delle élite», che in Italia «sembrano non volersi più sobbarcare il peso del rigore disciplinato che è necessario per articolare in chiave universale i propri interessi particolari, per coniugare al futuro, e non nella miopia dell'eterno presente, i verbi dell'agire sociale; per essere esempio civile».

Torniamo alla confusione sugli elitismi in cui avevo cercato di mettere ordine qualche capitolo fa. Ci sono élite italiane storicamente definite e costruite che sono fuggite dai loro ruoli, se ne sono lavate le mani per ragioni che vanno dal pavido all'avido, si sia trattato di egoismi o disincanti. L'Italia non trova più modelli istruttivi e di qualità laddove normalmente li si cerca: nelle classi dirigenti, in politica, economia e nei media, complice anche il mancato ricambio generazionale. Questi modelli devono essere prodotti altrove, da nuove forze e nuove individualità che si muovano in campi nuovi e riorganizzino quelli antichi: nelle nuove professioni innovative, in rete, nella ricerca, nella scienza, in ogni ambito in cui siano meno fossilizzati i

---

[15] Carlo Galli, *Il cinismo delle élite*, «la Repubblica», 5 settembre 2009.

meccanismi di conservazione e deresponsabilizzazione che oggi guidano l'Italia. Per stimolarli e indirizzarli proficuamente verso una specie di ricostruzione del nostro paese bisogna investire sulle ambizioni dei singoli e sulle solidarietà «di classe» e di gruppo.

Non miglioreremo l'Italia per gli altri, per quelli che non conosciamo, per gli oppressi vecchi e nuovi: la miglioreremo per noi e i nostri simili – oppressi a nostra volta dalla perdita di una paglia –, per quelli con cui sentiamo di condividere qualcosa e che vorremo siano sempre più numerosi: se non lo diventeranno, vorrà dire che non avevamo capito niente e non eravamo solo minoranza, eravamo pure fessi, altro che élite. Ancora Carlo Galli:

> Si tratta di ricominciare dai pochi (che saranno certo tacciati di moralismo, azionismo, giacobinismo), cioè da élite nuove o rinnovate, la cui rigorosa esemplarità sappia riportare la decenza e la vergogna fra le virtù civili della nostra democrazia.

Élite si diventa, con la speranza di trovarci già qualcuno, quando arriviamo lì, e che tutti gli altri arrivino presto. Siamo noi la California.

9

Move the island

È interessante sapere come funziona il mondo. [...] La gente mi chiede «Perché ti interessa la fisica?». Ma perché non dovrebbe? Per me, la cosa più curiosa di tutte è la mancanza di curiosità. Proprio non la capisco. [...] La scienza è molto rigorosa. Quando passi del tempo con gli scienziati e vedi come pensano, non puoi far altro che sviluppare una forma di rispetto. E parte di quello che rispetti è il loro rigore. Quando dici qualcosa, deve essere giusta. Non puoi solo speculare oziosamente sulle cose.

Cormac McCarthy[1]

La mia scuola, forse la butteranno giù. Il mio liceo. Vogliono farci un centro commerciale. Sembra una metafora inventata, fin troppo perfetta, invece è vero. È una costruzione degli anni Settanta, ammirata e citata in molte storie dell'architettura, ma non ha mai funzionato. Chi la progettò immaginava un mondo diverso, una periferia in cui gli abitanti del quartiere frequentassero i luoghi della scuola e passeggiassero sul suo tetto-parco. Finì che la circondarono di una cancellata e il tetto-parco fu reso inaccessibile. Oggi è piena di buchi e guai che i fautori della demolizione dicono sia troppo costoso restaurare.

Fu un esperimento di apertura della scuola e dei suoi metodi che avrebbe avuto bisogno di tempi migliori: invece, intorno, il mondo andò in un'altra direzione, ci vennero ansie e paure, l'Italia fu governata male, il siste-

---

[1] Intervistato da «Rolling Stone» nel 2007.

ma scolastico fu trascurato, la cultura e l'identità nazionale si persero, tutto peggiorò. Realizzare quel progetto divenne come aver aperto una nuova banca cooperativa nel 1928, o aver fondato un'etichetta discografica nel 1997. Timing sbagliato, come si dice. La sperimentazione didattica si spense, quel che ancora aveva bisogno di crescere fu messo alla gogna senza appello, quel che prometteva non fu sufficiente.

Erano gli anni Ottanta, facevamo lezione anche i pomeriggi, studiavamo due lingue, c'era un precoce piano di studi personalizzato in cui gli studenti potevano scegliere gli approfondimenti, avevamo molti bravi professori e una forte insistenza sul «metodo». C'era una grande responsabilizzazione e coinvolgimento degli studenti. Molte cose erano ancora migliorabili, ma alla mia maturità le commissioni esterne non bocciarono un solo studente in tutte le quinte: e ci fu un solo trentasei. Non so che bilancio ne farebbero giudici più esperti e obiettivi con criteri più convenzionali (non so niente dei *Sepolcri*, ancora oggi; e non studiai il latino): ma quella scuola lì, fatta così, produsse un gruppo (eravamo tre sezioni «sperimentali», con molti corsi comuni) che, pur provenendo da classi e famiglie le più varie e in media non particolarmente colte e privilegiate,[2] uscì

---

[2] Era il secondo liceo scientifico periferico di Pisa, i miei genitori insegnanti erano un'eccezione: i miei migliori amici avevano padri che lavoravano alla Piaggio o facevano i rappresentanti di medicinali, e madri che cucinavano in un ristorante o facevano le casalinghe.

dal liceo con una coscienza della priorità della cultura e della preparazione e una condivisione responsabile e sincera del ruolo della scuola che se le avesse fornite ogni istituto d'Italia adesso saremmo il paese dell'eccellenza scolastica, scientifica ed etica, nel mondo. Invece smantellammo, e demoliremo.

C'era un segreto? Non lo so: diffido delle teorizzazioni esatte di rapporti tra cause ed effetti, e può darsi che una serie di fortunati eventi abbia concorso alla realizzazione di un quinquennio che, pure tra limiti e insuccessi, fu un laboratorio che avrebbe potuto essere molto proficuo, e per noi lo fu. Il segreto, banalmente, fu forse di aver creduto nella scuola e nelle opportunità di migliorarla per il bene di tutti. Ma ci fu anche lì un po' di Rocky che si rialza: una grande insistenza sul lavoro sperimentale che si stava facendo e su un'originalità del metodo, sul tentativo di fare le cose diversamente, e farle meglio. Un senso identitario di gruppo non legato semplicemente a una divisa da balilla, una memoria risorgimentale o un tricolore, ma a qualcosa di concreto e responsabilizzante che andava controcorrente rispetto alla palude didattica e amministrativa che già allora sembrava impantanare la scuola italiana.

Intanto, la «cultura» di un paese è diventata il contrario di quello che dovrebbe essere. Il pensiero reazionario, i leghismi, la ricerca di sicurezza e la fossilizzazione del passato e del presente hanno portato al successo l'equivoco per cui la nostra cultura sarebbe il nostro passato invece del nostro futuro. Abbiamo abolito uno dei due significati della parola – ciò che esiste e che possiamo potenzialmente conoscere – in favore dell'altro, più pigro e rassicurante: ciò che siamo e che già conosciamo. Definiamo «la nostra cultura» quello da cui veniamo invece che quello che potremmo diventare. Le radici, ciò che ci lega e ci tiene immobili. Ed è un discrimine rivelatore quello tra chi pensa che la propria cultura risieda nel passato, nelle tradizioni, nella storia prima di lui, e chi pensa che sia data invece dalle sue esperienze, dal suo divenire, dal suo futuro, dalle cose che può ancora imparare.

Non so se la scuola oggi possa avere ancora quel potere di costruzione del futuro di una nazione che le abbiamo sempre attribuito. Se ci possa aiutare a «dedicare la nostra esistenza a qualcosa che non appartiene alla sfera della sopravvivenza, del successo o dell'arricchimento, alla sfera della cosiddetta felicità privata, ma a qualche cosa che dia valore e sostanza all'idea dell'uomo che tu ti fai e che l'umanità si è fatta nei momenti migliori della sua storia».[3]

Il mondo è cambiato molto, i luoghi alternativi di apprendimento e raccolta di esperienze e cultura so-

---

[3] Goffredo Fofi, *La vocazione minoritaria*, cit.

no assai più competitivi di un tempo, gli studenti sono cambiati, soprattutto nel mondo occidentale. Nemmeno il più grande investimento in soldi, impegno e intelligenze potrebbe per esempio consentire alla scuola di creare nuove generazioni capaci di migliorare questo paese, senza un contributo collaborativo nuovo da parte delle famiglie. Ma questa prospettiva va di certo costruita, controcorrente e a costo di fatiche e frustrazioni.

Una paglia di cui essere orgogliosi si ottiene facendo delle cose, costruendo idee e innovazioni, riempiendola di italiani straordinari: e gli italiani diventeranno straordinari solo se ci sarà un sistema scolastico che li aiuti e li stimoli e abbia questo obiettivo e insegni loro ad accettare lezioni. E il sistema scolastico ci riuscirà solo se sarà motivato e finanziato in questo senso e diretto con intelligenza e con un progetto: non con continue riforme senza visione e col braccino corto, come accade da decenni. E ci riuscirà solo se sarà delegato a farlo da tutti, e da famiglie che abbiano rivisto e ripensato le loro aspettative nei confronti dei figli, della scuola e del loro paese in senso più ambizioso, meno egoista e più collaborativo. A cui non basti «che sia felice». La vecchia formula del mondo migliore da lasciare ai nostri figli è paternalista, supponente e spesso ipocrita: nasconde la paura che tra poco non serviremo più a niente.

Invece dobbiamo consentire ai «nostri figli» di costruirlo loro, il mondo migliore. Ma per fare questo, dobbiamo tornare a pensare che abbiamo tutti molto da imparare, e anche qualcosa da insegnare. Un impegno «politico» in senso esteso, ovvero di ognuno, che voglia ridare all'Italia qualcosa di cui andare fieri, passa per le consapevolezze e gli investimenti su di sé che ho cercato di condividere in questo libro.

Passa per l'allargamento delle «minoranze etiche» e per l'aumento del numero di quelli che si comportano bene. In due modi: aggiungendovi noi stessi e tutti quelli che possiamo. Accettando lezioni e responsabilità, regalando lezioni e pretendendo responsabilità, non sottraendosi mai al proprio giudizio sull'utilità delle cose fatte, e facendo un consuntivo di quello che di buono si sarà combinato nella vita a partire da una semplice domanda: siamo diventati di più o di meno, grazie a me?

E vediamo quanti saremo, tra vent'anni.

Questo libro andava semplicemente a parare lì, dall'inizio: «Quel che diventeremo continua a esser figlio di ciò che vorremo diventare».

10

Discorso 2031

Roma, 2031. Dal discorso agli italiani del nuovo presidente del Consiglio.

«Mi trovo qui di fronte a voi, oggi, umile nell'impegno che ci aspetta, grato per la fiducia che mi avete accordato, cosciente dei sacrifici compiuti dai nostri avi. Ringrazio chi mi ha preceduto per il servizio reso alla nostra nazione, e per la generosità e la cooperazione che ha mostrato durante questa transizione.

«Sessanta volte un italiano ha guidato questo governo. Le sue parole sono risuonate in tempi di alte maree, di prosperità e di calme acque di pace. Ma spesso le ha pronunciate sotto nubi tempestose e in mezzo a uragani violenti. In quei momenti, l'Italia è andata avanti non solo grazie alla bravura o alla capacità visionaria di coloro che ricoprivano gli incarichi più alti, ma grazie al fatto che noi, il Popolo, siamo rimasti fedeli agli ideali dei nostri antenati e alle nostre carte fondamentali. Così è stato finora. Così deve essere per questa generazione di italiani. Oggi vi dico che le sfide che abbiamo di fronte sono reali. Sono serie e sono numerose. Affrontarle non sarà cosa facile né rapida. Ma Italia, sappilo: le affronteremo.

«Se oggi siamo qui è perché abbiamo scelto la speranza rispetto alla paura, l'unità degli intenti rispetto al conflitto e alla discordia. Oggi siamo qui per proclamare la fine delle recriminazioni meschine e delle false promesse, dei dogmi stanchi, che troppo a lungo hanno strangolato la nostra politica. Siamo ancora una nazione giovane, ma è arrivato il momento di mettere da parte gli infantilismi. È venuto il momento di riaffermare il nostro spirito tenace, di scegliere la nostra storia migliore, di portare avanti quel dono prezioso, l'idea nobile, passata di generazione in generazione: la promessa che tutti siamo uguali, tutti siamo liberi e tutti meritiamo una possibilità di perseguire la felicità in tutta la sua pienezza.

«Nel riaffermare la grandezza del nostro paese, ci rendiamo conto che la grandezza non è mai scontata. Bisogna guadagnarsela. Il nostro viaggio non è mai stato fatto di scorciatoie, non ci siamo mai accontentati. Non è mai stato un sentiero per incerti, per quelli che preferiscono il divertimento al lavoro, o che cercano solo i piaceri dei ricchi e la fama.

«Sono stati invece coloro che hanno saputo osare, che hanno agito, coloro che hanno creato cose – alcuni di loro celebrati, ma più spesso uomini e donne rimasti nell'ombra nel loro lavoro, che hanno portato avanti il lungo, accidentato cammino verso la prosperità e la libertà.

«Per noi, hanno messo in valigia quel poco che possedevano e hanno attraversato gli oceani in cerca di una nuova vita. Questo è il viaggio che continuiamo oggi. I nostri lavoratori non sono meno produttivi rispetto a quando è cominciata la crisi. Le nostre menti non sono meno inventive, i nostri beni e servizi non meno necessari di quanto lo fossero la settimana scorsa, o il mese scorso o l'anno scorso. Le nostre capacità rimangono inalterate. Ma è di certo passato il tempo dell'immobilismo, della protezione di interessi ristretti e del rinvio di decisioni spiacevoli. A partire da oggi, dobbiamo rialzarci, toglierci di dosso la polvere, e ricominciare il lavoro della ricostruzione dell'Italia.

«Perché, ovunque volgiamo lo sguardo, c'è lavoro da fare. Costruiremo le strade e i ponti, le reti elettriche e le linee digitali che alimentano i nostri commerci e ci legano gli uni agli altri. Restituiremo alla scienza il suo giusto posto e maneggeremo le meraviglie della tecnologia in modo da risollevare la qualità dell'assistenza sanitaria e abbassarne i costi. Imbriglieremo il sole e i venti e il suolo per alimentare le nostre auto e mandare avanti le nostre fabbriche.

«E trasformeremo le nostre scuole, e le università, per venire incontro alle esigenze dei tempi nuovi. Possiamo farcela. E lo faremo.

«Ora, ci sono alcuni che contestano le dimensioni delle nostre ambizioni, pensando che il nostro sistema non può tollerare troppi grandi progetti. Costoro hanno la memoria corta. Perché dimenticano quel che questo paese ha già fatto. Quel che uomini e donne possono ottenere quando l'immaginazione si unisce alla volontà comune, e la necessità al coraggio.

«Quel che i cinici non riescono a capire è che il terreno gli è scivolato sotto i piedi. Gli argomenti politici stantii che ci hanno consumato tanto a lungo non sono più applicabili. La domanda che formuliamo oggi non è se il nostro governo sia troppo di destra o troppo di sinistra, ma se funzioni o meno; se aiuti le famiglie a trovare un lavoro decentemente pagato, cure accessibili, una pensione degna. Laddove la risposta sia positiva, noi intendiamo andare avanti. Laddove sia negativa, metteremo fine a quelle politiche. E coloro che gestiscono i soldi della collettività saranno chiamati a risponderne, affinché spendano in modo saggio, riformino le cattive abitudini, e facciano i loro affari alla luce del sole – perché solo allora potremo restaurare la vitale fiducia tra il popolo e il suo governo.

«Per tanto che un governo possa e debba fare, alla fine è sulla fiducia e sulla determinazione del popolo italiano che questa nazione si fonda. Sono la gentilezza nell'accogliere uno straniero quando gli argini si rompono, la generosità dei lavoratori che preferisco-

no tagliare il proprio orario di lavoro piuttosto che
vedere un amico perdere il posto che ci hanno guidato nei nostri momenti più oscuri. È il coraggio dei
vigili del fuoco nel precipitarsi in una scala invasa dal
fumo, ma anche la volontà di un genitore di nutrire il
proprio figlio, che alla fine decidono del nostro destino.

«Forse le nostre sfide sono nuove. Gli strumenti
con cui le affrontiamo forse sono nuovi. Ma i valori
da cui dipende il nostro successo – lavoro e onestà,
coraggio e giustizia, tolleranza e curiosità, lealtà e
patriottismo – tutto questo è vecchio. Sono cose vere. Sono state la forza tranquilla del progresso nel
corso di tutta la nostra storia. Quel che è necessario
ora è un ritorno a queste verità. Quel che ci viene
chiesto è una nuova èra di responsabilità, il riconoscimento, da parte di ogni italiano, che abbiamo un
dovere verso noi stessi, la nostra nazione, il mondo,
doveri che non dobbiamo accettare mugugnando ma
abbracciare con gioia, fermi nella consapevolezza
che non c'è nulla di più soddisfacente per lo spirito,
così importante per la definizione del carattere, che
darsi completamente per una causa difficile. Questi
sono il prezzo e la promessa della cittadinanza. Questa è la fonte della nostra fiducia, la consapevolezza
di essere stati chiamati a forgiare un destino incerto.
Questo è il significato della nostra libertà e dei nostri
principi, perché uomini, donne e bambini di ogni

razza e di ogni fede possano unirsi nella speranza di oggi.

«Italia. Di fronte ai nostri pericoli comuni, in questo inverno dei nostri stenti, con speranza e virtù, affrontiamo con coraggio le correnti ghiacciate, e sopportiamo quel che le tempeste ci porteranno. Facciamo sì che i figli dei nostri figli possano dire che quando siamo stati messi alla prova non abbiamo permesso che questo viaggio finisse, che non abbiamo voltato le spalle e non siamo caduti. E con gli occhi fissi sull'orizzonte e la grazia del cielo su di noi, abbiamo portato avanti il grande dono della libertà e l'abbiamo consegnato intatto alle generazioni future.»

Ringraziamenti

Ci sono diverse persone che ringrazio per avermi dato una mano a scrivere questo libro. Intanto quelli di cui ho citato pensieri e scritti, che mi hanno aiutato a mettere insieme alcune idee o le hanno formulate meglio al posto mio.

Poi c'è un gruppo di lettori delle bozze i cui incoraggiamenti e pareri sono stati importantissimi per migliorare alcune cose e per convincermi della validità di altre: Francesco Piccolo, Paolo Virzì, Giovanni De Mauro, Concita De Gregorio, Alessandro Baricco, Marino Sinibaldi, Filippo Pontani, Riccardo Luna, Lorenzo Cherubini.

Grazie anche a Ilaria Mazzarotta per il lavoro di selezione e ricerca che ha fatto su molte cose che avevo scritto in passato.

Tutti i pensieri qua dentro sono rifessioni che continuano, anche scrivendo a lucasofri@ungrandepaese.it: ma sono anche debitori a molte persone – siano amici che li riconosceranno o lettori del mio blog – che mi hanno aiutato a smussarli, rafforzarne i punti deboli, individuarne le sfumature e le cose meno chiare: grazie.

E poi c'è Daria.

Sommario

Finito di stampare nel mese di marzo 2011 presso il
Nuovo Istituto Italiano d'Arti Grafiche - Bergamo

Printed in Italy

ISBN 978-88-17-03561-3